P9-EDZ-833

GASTON MIRON

L'homme rapaillé

Les poèmes

Préface d'Édouard Glissant

Édition définitive
présentée par Marie-Andrée Beaudet

GALLIMARD

fait que la tornade n'amasse aucune mauvaise mousse, vous vous dites, le texte du poème, il n'est que de plonger dans L'homme rapaillé, *tout est là*, un poète un livre, depuis Maurice Scève et sa Délie vous pensez bien, vous vous dites, la cause du Québec, l'affaire québécoise, il n'y a qu'à plonger dans l'Histoire tout y est consigné, la révolution tranquille, la nuit des poètes, les prisons, les référendums qui se suivent et ne s'ajoutent pas, et alors vous en venez à tant de vérités qui sont d'évidence, comme les lieux communs partagés entre tous les rapaillés du monde, la poésie de Miron est inguérissable du Québec, le Québec de Miron est inguérissable de sa langue, ce sont des blessures souffrantes qui élèvent et accomplissent, et à ce moment vous vous demandez pourquoi Miron, pourquoi celui-ci nommément, il y a tant de bons écrivains experts et militants et efficaces qui pourtant, quand ils vous défilent leurs raisons ou leurs déraisons, après tout comme a fait Miron, et déjà au Québec sans doute, vous ne voulez offenser personne, et en tout cas chez vous, là vous pouvez le dire, deviennent ennuyeux comme un carême sans carnaval ou, vous supposez, comme une larme de grand froid qui ne dessine aucune perle au bord du regard, pourquoi Miron, vous réclamez qu'au moins il devrait y avoir dans la tornade un centre, ce que vous appelez un œil, l'œil du cyclone, le moment et l'espace où celui-ci repose et reprend souffle avant de recommencer son vacarme, cet espace-temps qui vous mettrait donc à même d'analyser de tout près, d'ausculter en douce, de peser avec chicherie, mais les tornades ne vont pas comme les cyclones, elles n'ont pas d'œil central, Tornade Miron dispose d'une infinité d'yeux, d'zyeux, autant que les sables mélangent d'étoiles, et de plusieurs cœurs qui n'en font qu'un, pourquoi lui pourquoi Miron, il a tant admiré d'écrivains qui peut-être ne, mais ce serait absurde de le lui reprocher, la capacité d'admiration est en œuvre dans la poésie, c'est une vertu des poètes, il n'y a pas d'échelle de grandeur parmi eux, du moins qui soit décidée par eux-mêmes, alors vous vous confiez, bon, qu'après tout il faudra détourner, tourner autour de, ruser avec la tornade, en revenant sans prévenir au texte, et sous la grosse parole soudain vous entendez la voix qui murmure, le murmure ne rend pas mieux que la parole à la ronde, mais il semble qu'on l'entend tout à l'aise, vous voyez aussi qu'Archaïque Miron constitue et cache et révèle Gaston Miron, celui qui dit hésiter à se connaître, qui fuit à l'horizon de lui-même, qui a la grâce d'être angoissé de lui-même, mais sans aucun chichi métaphysique, et de se croire inachevé, qui est en décalage taraudant avec le réel, et ce réel en décalage torturant avec sa liberté ou son droit, que la tornade hésite, que la tornade divague, que la tornade se rapaille sur les horizons avec une douloureuse continuité, mais c'est dans ce murmure aussi que vous commencez de surprendre l'écho d'une telle complétude déparpaillée, pourquoi Miron, mais c'est parce qu'il est le poète du paysage et le poète de l'intime, dehors dedans, avec le même tourment, et vous vous souvenez d'un voyage en sa compagnie dans les plaines du nord du Québec, de la neige et pas un arbre ni même un poteau indicateur, du moins n'en avez-vous pas vu, cent, deux cents kilomètres, vous avez l'impression que la voiture n'avance pas, vous faites du sur-place, le vertige vous bouleverse, c'est ici que l'espace vous a rejoint et vous sort de vous, c'est ici que se réalisent et que s'agrègent les tornades qui battront les espaces des Amériques, c'est ici un lieu principiel, et puis tout ensuite, aussi focales, les rues de Montréal où l'intime se poste et guette et où, dit le poète, sa pauvre langue française, et québécoise avant tout, court

13

splendidement le trottoir et se gausse des malfrats de l'uni-
linguisme standardisé, vous êtes ébahi, quoi, cette langue
française qui jadis vous fut si orgueilleuse et dominatrice, la
voici là pantelante pathétique et souffrante sous la main du
poète, vous eussiez dit d'une langue créole qui cherche le
jour, nous rameuterons ensemble nos langues menacées,
nous courons le monde avec la même fixité, déclamant par-
tout la parole d'angoisse et d'espoir têtu, la langue française
nous la partagerons aussi, et les créoles et toutes les langues
dessouchées, Gaston Miron vous l'a promis, vous comprenez
pourquoi lui Miron, sa langue est vouée à l'intime autant
qu'aux espaces, à ce murmure aussi bien qu'à cette tornade,
au Dit mais tout à l'heure au doute, il n'y faut pas une
habitude du beau monde, ni une carrière à défendre, vous
êtes maintenant dans l'œil du cyclone qui a pris place au
lieu de la tornade, Miron vous a fait la grâce de ce transfert
d'énergies géographiques, et votre œil s'affine si on peut dire,
s'adapte, vous concevez dans son livre les vers, ou les versets
si vous préférez, mais toujours retenus, qui s'énoncent
comme une prose tranquille, c'est là tout un art, les cassures
dans la voix, le rythme, la syntaxe, le sens, le menu peuple
des choses et des gens s'y montre, la cassure est un puissant
révélateur, et les naïvetés qui sans cesser de l'être vous dési-
gnent de sacrément bonnes ruses du dire, ça y est, la cyclade
reforme ses nacres, Gaston Miron va entrer dans cette mai-
son où tout le monde l'attend, le bruit de sa voix comme tou-
jours le précède, étonnez-vous de ce tonnerre querelleur, et
enchantez-vous aussi de ce murmure-là et de cette chante-
pleure ouverte dans la rivière de ses songes, et où, discret et
pudique, il s'est à grand peine mis.

ÉDOUARD GLISSANT

AVANT-PROPOS

La présente édition, comme le sous-titre en informe le lecteur, rassemble les poèmes de *L'homme rapaillé*[1] sans retenir les textes d'intervention — en fait les six textes réunis sous « Circonstances » et « De la langue » — traditionnellement associés au recueil. Qui voudra en prendre connaissance pourra se référer aux éditions québécoises. Le choix d'exclure ces textes, outre qu'il respecte davantage les habitudes de la collection, offre l'occasion de libérer cette poésie du poids d'une certaine historicité, de circonstances, précisément, qui ont pesé sur l'œuvre du poète, une œuvre qu'il n'est pas excessif de considérer, à l'instar de celle de Rimbaud mais pour des raisons autres, comme une « œuvre-vie ».

L'homme rapaillé a en effet accompagné et traversé de part en part toute l'existence de Gaston

---

1. Rapaillé : expression québécoise, se dit d'une chose fragmentée, éparpillée, dont on rassemble et réagence les morceaux (N.d.É.).

Miron. Des premiers poèmes extraits du recueil *Deux sangs*, publié avec son ami Olivier Marchand en 1953, aux poèmes joints à la première édition de 1970, jusqu'aux reprises plus tardives des poèmes de *Courtepointes* chez Maspero, à chaque nouvelle édition — il y en eut cinq au total — Gaston Miron apportait des corrections, revoyait la composition de l'ensemble avec toujours la même hésitation quant aux deux dernières sections de son recueil : fallait-il limiter le nombre des textes en prose, l'augmenter ou fallait-il carrément supprimer ces textes ? À elle seule, et la lecture le confirmera, la force de cette poésie singulière, à la fois heurtée et célébrante, vécue par son auteur comme une œuvre-matière toujours inachevée — encore en février 1996 il tenait la dernière version pour non définitive —, suffisait à justifier la décision de la rendre à elle-même, à cette seule nécessité poétique, qui chez Gaston Miron ne va pas sans un engagement de tout l'être, l'intime comme le politique.

Nous précisons en terminant que la présente édition reproduit, grâce à la collaboration du groupe Ville-Marie Littérature, le dernier état des poèmes tels qu'ils ont été revus par l'auteur, quelques mois avant sa mort, pour les éditions Typo. Avec cette version, qu'il faut maintenant considérer comme définitive, se clôt le cycle des repentirs de celui qui disait ne pas savoir ce qu'était la poésie hors du « terrain du poème ».

MARIE-ANDRÉE BEAUDET

L'homme rapaillé

L'HOMME RAPAILLÉ
Liminaire

Pour Emmanuelle

J'ai fait de plus loin que moi un voyage abracadabrant
il y a longtemps que je ne m'étais pas revu
me voici en moi comme un homme dans une maison
qui s'est faite en son absence
je te salue, silence

je ne suis pas revenu pour revenir
je suis arrivé à ce qui commence

Influences

1. Deux sangs

MER JOURS

Mer jours
et de harpes sans oiseaux

pour de secrètes marées disparues
dans l'anfractuosité des silences
tu retisses à rebours
les souffles à mon cœur capiteux

pour un mystère qui t'ensemence
dans le multiple dense des étreintes
tu auscultes toujours
d'une sonde à l'étoile
ta longue désespérance

MON BEL AMOUR

Mon bel amour navigateur
mains ouvertes sur les songes
tu sais la carte de mon cœur
les jeux qui te prolongent
et la lumière chantée de ton âme

qui ne devine ensemble
tout le silence les yeux poreux
ce qu'il nous faut traverser le pied secret
ce qu'il nous faut écouter
l'oreille comme un coquillage
dans quel pays du son bleu
amour émoi dans l'octave du don

sur la jetée de la nuit
je saurai ma présente
d'un vœu à l'azur ton mystère
déchiré d'un espace rouge-gorge

SOIR TOURMENTE

La pluie bafouille aux vitres
et soudain ça te prend
de courir dans tes pas plus loin
pour fuir la main sur nous

tu perds tes yeux dans les autres
ton corps est une idée fixe
ton âme un caillot au centre du front
ta vie refoule dans son amphore
et tu meurs
tu meurs à petites lampées sous tes semelles

ton sang
ton sang rouge parmi les miroirs brisés

CE CORPS NOUEUX

Ce corps noueux
ce regard brisé
ce visage érodé
ce feu aux cheveux

ces mots dehors

c'est toi, toi et toi
et la blessure
inlassable des rêves
dans tes pas futurs

VÉRITÉ IRRÉDUCTIBLE

Ô ton visage comme un nénuphar flottant
et le temps c'est le chœur des aulnes
à regretter continu sur des rives insensées

ton âme est quelque part
sur les collines de chair oubliée
et le temps c'est mon soulier
à creuser contre le ciel

à vivre mon angoisse poudrait
éclairait l'obscure arête de ma transparence
le temps c'est ton visage à aimer blanc

dans cette ville qui m'a jeté ses mauvais sorts
ton passage dure encore creuset de feu
le temps c'est une ligne droite et mourante
de mon œil à l'inespéré

CHANSON

Cortèges des semaines
les voix qui chantent faux
le jargon de nos peines
les amours mécanos

la jarre est dans l'eau morte
les espoirs verrouillés
les secrets sans escortes
et les corps lézardés

sept jours comme des flûtes
les balcons qui colportent
le front las qui se bute
au seuil muet des portes

sur une grande artère
s'en vont les mains fanées
le soupir des années
et l'orgue de misère...

PETITE SUITE EN LEST

Jadis
enfant
mon poing révolté
a bondi dans l'espace
il a sifflé dans les arcs-en-ciel

aérolithe
l'ai retrouvé ce matin
ne sais plus dans quelle plaine

petite semaine à dent rapace
sept poteaux faire le tour
sept cartes faire jouer
petite semaine pleine de poches de néant
le cœur a des arrêts brusques mais savants

petite vie ma vie
petite vie des minutes pareilles
à la queue leu leu
comme ça de suite
comme une caravane de chenilles de suite
comme des pieux de clôture de suite

petite vie ma vie
enclose en la grand'ville
parmi les pas sur les pavés
roulée dans le courant en rond

grise à éternuer

aujourd'hui debout droit
demain couché brisé
je mourrai d'avoir été le même
je serai une ligne à même la terre
n'ayant plus d'ombre
ô mort
pays possible

de l'index j'ai tracé des lignes
droites obliques ou courbes
(débarrassons-nous des cercles)
sur le sable dans l'argile
dans le ciel sur toutes choses

que savez-vous que je sais
les parcs étendus visités
les avenues connues
les royaumes fondés
avec quel poids au cœur

attente des pans de murs
attente des pans de ciels
attente des yeux tissés de tous les regards

auscultation du temps
patience de l'essentiel

il faut se pencher du haut de l'espace
appuyer sa tempe contre l'espace
et de peur que tout se brouille
déplacer du silence

la lune feuillette dans l'espace

mais à l'orée de la nuit navrée
comme à l'orée du jour
qu'y a-t-il
qui quoi se tient là

CANTIQUE DES HORIZONS
(sur un ton faussement valéryen)

Ne vois-tu pas ma blonde
quelque petit bateau
courir les hautes eaux
les légendes du monde

quelque petit bateau
qui nargue les ondines
dans le vent de matines
sur la ligne des eaux

et que n'as-tu ô chère
la vive déraison
de créer ta vision
d'en humer les chimères

la vive déraison
de tendre ta chair nue
aux lunes inconnues
du seuil de ta vision

ô berceuse ma mie
avec moi t'accordant
dans l'haleine du temps
et d'espace magie

que ne souffres-tu pas
aux souffles des partances
d'échapper loin là-bas
le poids de ta naissance

COROLLE Ô FLEUR
(sur un ton faussement mallarméen)

Corolle ô fleur ton sourire
ouverte échappe des abeilles d'or
reviennent les soirs bruns ivres
Infante des jeux du sort
née la beauté aux arches de tes rives
nos yeux marée sur ton corps
enfante pour eux les perles de vivre

POUR RETROUVER LE MONDE
ET L'AMOUR

Nous partirons de nuit pour l'aube des mystères
et tu ne verras plus les maisons et les terres
et ne sachant plus rien des anciennes rancœurs
des détresses d'hier, des jungles de la peur
tu sauras en chemin tout ce que je te donne
tu seras contre moi celle qui s'abandonne

nous passerons très haut par-dessus les clameurs
et tu ne vivras plus de perfides rumeurs
et loin des profiteurs, des lieux de pestilence
tu entendras parler les mages du silence
alors tu connaîtras la musique à tes pas
et te revêtiront les neiges des sagas

nous ne serons pas seuls à faire le voyage
d'autres nous croiseront parmi les paysages
comme nous, invités de ce jour qui naîtra
nous devrons les chérir d'un amour jamais las
eux aussi, révoltés, vivant dans les savanes
répondront à l'appel secret des caravanes

après le temps passé dans l'étrange et l'austère
on nous accueillera les bras dans la lumière
l'espace ayant livré des paumes du sommeil
la place des matins que nourrit le soleil
ô monde insoupçonné, uni, sans dissidence
te faisant échapper des cris d'incontinence

nouvelle-née, amour, nous n'aurons pas trahi
nous aurons retrouvé les rites d'aujourd'hui
le bonheur à l'affût dans les jours inventaires
notre maison paisible et les toits de nos frères
le passé, le présent, qui ne se voudront plus
les ennemis dressés que nous avons connus

JE T'ÉCRIS

I

Je t'écris pour te dire que je t'aime
que mon cœur qui voyage tous les jours
— le cœur parti dans la dernière neige
le cœur parti dans les yeux qui passent
le cœur parti dans les ciels d'hypnose —
revient le soir comme une bête atteinte

Qu'es-tu devenue toi comme hier
moi j'ai noir éclaté dans la tête
j'ai froid dans la main
j'ai l'ennui comme un disque rengaine
j'ai peur d'aller seul de disparaître demain
sans ta vague à mon corps
sans ta voix de mousse humide
c'est ma vie que j'ai mal et ton absence

Le temps saigne
quand donc aurai-je de tes nouvelles
je t'écris pour te dire que je t'aime
que tout finira dans tes bras amarré
que je t'attends dans la saison de nous deux
qu'un jour mon cœur s'est perdu dans sa peine
que sans toi il ne reviendra plus

II

Quand nous serons couchés côte à côte
dans la crevasse du temps limoneux
nous reviendrons de nuit parler dans les herbes
au moment que grandit le point d'aube
dans les yeux des bêtes découpées dans la brume
tandis que le printemps liseronne aux fenêtres

Pour ce rendez-vous de notre fin du monde
c'est avec toi que je veux chanter
sur le seuil des mémoires les morts d'aujourd'hui
eux qui respirent pour nous
les espaces oubliés

MA DÉSOLÉE SEREINE

Ma désolée sereine
ma barricadée lointaine
ma poésie les yeux brûlés
tous les matins tu te lèves à cinq heures et demie
dans ma ville et les autres
avec nous par la main d'exister
tu es la reconnue de notre lancinance
ma méconnue à la cime
tu nous coules d'un monde à l'autre
toi aussi tu es une amante avec des bras
non n'aie pas peur petite avec nous
nous te protégeons dans nos puretés fangeuses
avec nos corps revendiqués beaux
et t'aime Olivier
l'ami des jours qu'il nous faut espérer
et même après le temps de l'amer
quand tout ne sera que mémento à la lisière des ciels
tu renaîtras toi petite
parmi les cendres
le long des gares nouvelles
dans notre petit destin
ma poésie le cœur heurté
ma poésie de cailloux chahutés

2. Quelque part par ici

TOUT UN CHACUN

Chacun ses pieds
dans ses pas

chacun ses larmes
au large des yeux

chacun sa main
dans l'aumône

dans le trois-mâts
chacun ses rêves

son mal de poudrerie
dans ses désirs

son mal de nébuleuse
dans ses pensées

au repas
chacun sa dent

chacun son cou
dans l'amour

chacun, chacun

chacun ses os
au cimetière

SELF-DÉFENSE

Dru le corps
craquant le cœur
ahan le jour
les poings dedans

je défends ma peau
rien que ça
ma peau de peau

c'est bien assez
il me semble
pour commencer

allez-y voir après

garanti
je bêle à la mort

LE VERRE D'EAU OU L'INACCEPTABLE

Les bourgeons de la soif dans les pores
ce n'est pas l'eau que je bois dans le verre
c'est quelque chose au fil de l'eau
à quoi on pense dans le roule des jours
comme un défoncé enfoncé
toute la sainte face de journée
toute, goutte à goutte
car la soif demeure, panique, tenace
car ni de poids, de place ou d'étendue
ni dedans, ou dehors peut-être
rien de rien n'est changé
j'ai toujours la motte de feu à l'estomac
je refuse à fond de mes deux pieds
sur les freins du temps
comme d'accoutumance chaque fois
une fois les yeux ouverts
et vide le verre

RÉDUCTION

Des heures puis des heures au fil
de mes yeux, aux prises avec eux
sillonnant les terres de personne
les poumons soufflant comme une avenue

la sonde douloureuse est à l'œuvre
quelque part par ici
l'abandon sans frontières, le monde
profond dans la désespérance

je n'ai plus que mes yeux de z-yeux
tout ailleurs dans mon corps est ténèbre
mes yeux de z-yeux
                    en tout et pour tout

les bulletins annoncent
qu'aucune localisation n'est en vue

pourtant je vois ce que je vois

FAIT DIVERS

Il n'a pas fait vieux os
ses os ont blanchi la nuit

il n'avait que sa folie
vous lui avez tiré dessus

il s'est mis à s'tasser
il s'est mis à s'manger
on n'a jamais vu ça
un homme qui se mange
un homme debout qui s'insère
dans la fêlure de sa vie

hors du vivant, vivant
un homme que le monde enferme

il a compté, s'amenuisant
les coups de pied de son sang
s'est vu descendre
le nœud coulant glissait bien

adieu la visite
salut les caves

dispersez-vous
rentrez chez vous

CE MONDE SANS ISSUE

Pleure un peu, pleure ta tête, ta tête de vie
dans le feu des épées de vent dans tes cheveux
parmi les éclats sourds de béton sur tes parois
ta longue et bonne tête de la journée
ta tête de pluie enseignante
et pelures
et callosités
ta tête de mort

et ne pouvant plus me réfugier en Solitude
ni remuer la braise dans le bris du silence
ni ouvrir la paupière ainsi
qu'un départ d'oiseau dans la savane
que je meure ici au cœur de la cible
au cœur des hommes et des horaires
car il n'y a plus un seul endroit
de la chair de solitude qui ne soit meurtri
même les mots que j'invente
ont leur petite aigrette de chair bleuie

souvenirs, souvenirs, maison lente
un cours d'eau me traverse
je sais, c'est la Nord de mon enfance
avec ses mains d'obscure tendresse
qui voletaient sur mes épaules
ses mains de latitudes de plénitude

et mes vingt ans et quelques dérivent
au gré des avenirs mortes, mes nuques
dans le vide

DÉCLARATION

à la dérision

Je suis seul comme le vert des collines au loin
je suis crotté et dégoûtant devant les portes
les yeux crevés comme des œufs pas beaux à voir
et le corps écumant et fétide de souffrance

je n'ai pas eu de chance dans la baraque de vie
je n'ai connu que de faux aveux de biais le pire
je veux abdiquer jusqu'à la corde usée de l'âme
je veux perdre la mémoire à fond d'écrou

l'automne est venu je me souviens presque encore
on a préparé les niches pour les chiens pas vrai
mais à moi, à mon amour, à mon mal gênant
on ouvrit toutes grandes les portes pour dehors

or dans ce monde d'où je ne sortirai bondieu
que pour payer mon dû, et où je suis gigué déjà
fait comme un rat par toutes les raisons de vivre
hommes, chers hommes, je vous remets volontiers

      1 — ma condition d'homme
      2 — je m'étends par terre
      dans ce monde où il semble meilleur
      être chien qu'être homme

LA ROUTE QUE NOUS SUIVONS

À la criée du salut nous voici
armés de désespoir

au nord du monde nous pensions être à l'abri
loin des carnages de peuples
de ces malheurs de partout qui font la chronique
de ces choses ailleurs qui n'arrivent qu'aux autres
incrédules là même de notre perte
et tenant pour une grâce notre condition

soudain contre l'air égratigné de mouches à feu
je fus debout dans le noir du Bouclier
droit à l'écoute comme fil à plomb à la ronde
nous ne serons jamais plus des hommes
si nos yeux se vident de leur mémoire

beau désaccord ma vie qui fonde la controverse
je ne récite plus mes leçons de deux mille ans
je me promène je hèle et je cours
cloche-alerte mêlée au paradis obsessionnel
tous les liserons des désirs fleurissent
dans mon sang tourne-vents
venez tous ceux qui oscillent à l'ancre des soirs
levons nos visages de terre cuite et nos mains
de cuir repoussé burinés d'histoire et de travaux

nous avançons nous avançons le front comme un delta

«Good-bye farewell!»
nous reviendrons nous aurons à dos le passé
et à force d'avoir pris en haine toutes les servitudes
nous serons devenus des bêtes féroces de l'espoir

La marche à l'amour

fragments

JEUNE FILLE

Jeune fille plus belle que toutes nos légendes
de retour à la maison que protègent les mères
secrète et enjouée parmi les êtres de l'été
elle aimait bien celui qui cache son visage

sur mon corps il ne reste que bruine d'amour
au loin les songes se rassemblent à sa taille
pour les bouquets d'eau de ses yeux trop beaux
les yeux qu'elle a lui font trop mal à l'âme

jeune fille plus perdue que toute la neige
les ans s'encordent sur mes longueurs de solitude
et toujours à l'orée de ta distance lointaine
tes mille essaims de sourires encore m'escortent

j'en parle à cause d'un village de montagnes
d'où s'envolent des rubans de route fragiles
toi et moi nous y fûmes plusieurs fois la vie
avec les bonheurs qui d'habitude arrivent

je parle de ces choses qui nous furent volées
mais les voudra la mort plus que l'ombre légère
nous serons tous deux allongés comme un couple
enfin heureux dans la mémoire de mes poèmes

PLUS BELLE QUE LES LARMES

Jeune fille plus belle que les larmes
qui ont coulé plus qu'averses d'avril
beaux yeux aux ondes de martin-pêcheur
où passaient les longs-courriers de mes désirs
mémoire, ô colombe dans l'espace du cœur
mes mains sont au fuseau des songes éteints
je me souviens de sa hanche de navire
je me souviens de ses épis de frissons
et sur mes fêtes et mes désastres
je te salue toi la plus belle
et je chante

LA MARCHE À L'AMOUR

Tu as les yeux pers des champs de rosées
tu as des yeux d'aventure et d'années-lumière
la douceur du fond des brises au mois de mai
dans les accompagnements de ma vie en friche
avec cette chaleur d'oiseau à ton corps craintif
moi qui suis charpente et beaucoup de fardoches
moi je fonce à vive allure et entêté d'avenir
la tête en bas comme un bison dans son destin
la blancheur des nénuphars s'élève jusqu'à ton cou
pour la conjuration de mes manitous maléfiques
moi qui ai des yeux où ciel et mer s'influencent
pour la réverbération de ta mort lointaine
avec cette tache errante de chevreuil que tu as

tu viendras tout ensoleillée d'existence
la bouche envahie par la fraîcheur des herbes
le corps mûri par les jardins oubliés
où tes seins sont devenus des envoûtements
tu te lèves, tu es l'aube dans mes bras
où tu changes comme les saisons
je te prendrai marcheur d'un pays d'haleine
à bout de misères et à bout de démesures
je veux te faire aimer la vie notre vie
t'aimer fou de racines à feuilles et grave
de jour en jour à travers nuits et gués
de moellons nos vertus silencieuses

je finirai bien par te rencontrer quelque part
bon dieu!
et contre tout ce qui me rend absent et douloureux
par le mince regard qui me reste au fond du froid
j'affirme ô mon amour que tu existes
je corrige notre vie

nous n'irons plus mourir de langueur
à des milles de distance dans nos rêves bourrasques
des filets de sang dans la soif craquelée de nos lèvres
les épaules baignées de vols de mouettes
non
j'irai te chercher nous vivrons sur la terre
la détresse n'est pas incurable qui fait de moi
une épave de dérision, un ballon d'indécence
un pitre aux larmes d'étincelles et de lésions
          profondes
frappe l'air et le feu de mes soifs
coule-moi dans tes mains de ciel de soie
la tête la première pour ne plus revenir
si ce n'est pour remonter debout à ton flanc
nouveau venu de l'amour du monde
constelle-moi de ton corps de voie lactée
même si j'ai fait de ma vie dans un plongeon
une sorte de marais, une espèce de rage noire
si je fus cabotin, concasseur de désespoir
j'ai quand même idée farouche
de t'aimer pour ta pureté
de t'aimer pour une tendresse que je n'ai pas connue

dans les giboulées d'étoiles de mon ciel
l'éclair s'épanouit dans ma chair
je passe les poings durs au vent
j'ai un cœur de mille chevaux-vapeur
j'ai un cœur comme la flamme d'une chandelle
toi tu as la tête d'abîme douce n'est-ce pas
la nuit de saule dans tes cheveux
un visage enneigé de hasards et de fruits
un regard entretenu de sources cachées
et mille chants d'insectes dans tes veines
et mille pluies de pétales dans tes caresses

tu es mon amour
ma clameur mon bramement
tu es mon amour ma ceinture fléchée d'univers
ma danse carrée des quatre coins d'horizon
le rouet des écheveaux de mon espoir
tu es ma réconciliation batailleuse
mon murmure de jours à mes cils d'abeille
mon eau bleue de fenêtre
dans les hauts vols de buildings
mon amour
de fontaines de haies de ronds-points de fleurs
tu es ma chance ouverte et mon encerclement
à cause de toi
mon courage est un sapin toujours vert
et j'ai du chiendent d'achigan plein l'âme
tu es belle de tout l'avenir épargné
d'une frêle beauté soleilleuse contre l'ombre
ouvre-moi tes bras que j'entre au port
et mon corps d'amoureux viendra rouler

sur les talus du mont Royal
orignal, quand tu brames orignal
coule-moi dans ta palinte osseuse
fais-moi passer tout cabré tout empanaché
dans ton appel et ta détermination

Montréal est grand comme un désordre universel
tu es assise quelque part avec l'ombre et ton cœur
ton regard vient luire sur le sommeil des colombes
fille dont le visage est ma route aux réverbères
quand je plonge dans les nuits de sources
si jamais je te rencontre fille
après les femmes de la soif glacée
je pleurerai te consolerai
de tes jours sans pluies et sans quenouilles
des circonstances de l'amour dénoué
j'allumerai chez toi les phares de la douceur
nous nous reposerons dans la lumière
de toutes les mers en fleurs de manne
puis je jetterai dans ton corps le vent de mon sang
tu seras heureuse fille heureuse
d'être la femme que tu es dans mes bras
le monde entier sera changé en toi et moi

la marche à l'amour s'ébruite en un vollier
de pas voletant par les lacs de portage
mes absolus poings
ah violence de délices et d'aval

j'aime
    que j'aime
        que tu t'avances
            ma ravie
frileuse aux pieds nus sur les frimas de l'aube
par ce temps profus d'épilobes en beauté
sur ces grèves où l'été
pleuvent en longues flammèches les cris des pluviers
harmonica du monde lorsque tu passes et cèdes
ton corps tiède de pruche à mes bras pagayeurs
lorsque nous gisons fleurant la lumière incendiée
et qu'en tangage de moisson ourlée de brises
je me déploie sur ta fraîche chaleur de cigale
je roule en toi
tous les saguenays d'eau noire de ma vie
je fais naître en toi
les frénésies de frayères au fond du cœur d'outaouais
puis le cri de l'engoulevent vient s'abattre dans ta
    gorge
terre meuble de l'amour ton corps
se soulève en tiges pêle-mêle
je suis au centre du monde tel qu'il gronde en moi
avec la rumeur de mon âme dans tous les coins
je vais jusqu'au bout des comètes de mon sang
haletant
      harcelé de néant
            et dynamité
de petites apocalypses
les deux mains dans les furies dans les féeries
ô mains
ô poings
comme des cogneurs de folles tendresses

mais que tu m'aimes et si tu m'aimes
s'exhalera le froid natal de mes poumons
le sang tournera ô grand cirque
je sais que tout amour
sera retourné comme un jardin détruit
qu'importe je serai toujours si je suis seul
cet homme de lisière à bramer ton nom
éperdument malheureux parmi les pluies de trèfles
mon amour ô ma plainte
de merle-chat dans la nuit buissonneuse
ô fou feu froid de la neige
beau sexe léger ô ma neige
mon amour d'éclairs lapidée
morte
dans le froid des plus lointaines flammes

puis les années m'emportent sens dessus dessous
je m'en vais en délabre au bout de mon rouleau
des voix murmurent les récits de ton domaine
à part moi je me parle
que vais-je devenir dans ma force fracassée
ma force noire du bout de mes montagnes
pour te voir à jamais je déporte mon regard
je me tiens aux écoutes des sirènes
dans la longue nuit effilée du clocher de
        Saint-Jacques
et parmi ces bouts de temps qui halètent
me voici de nouveau campé dans ta légende
tes grands yeux qui voient beaucoup de cortèges
les chevaux de bois de tes rires
tes yeux de paille et d'or

seront toujours au fond de mon cœur
et ils traverseront les siècles

je marche à toi, je titube à toi, je meurs de toi
lentement je m'affale de tout mon long dans l'âme
je marche à toi, je titube à toi, je bois
à la gourde vide du sens de la vie
à ces pas semés dans les rues sans nord ni sud
à ces taloches de vent sans queue et sans tête
je n'ai plus de visage pour l'amour
je n'ai plus de visage pour rien de rien
parfois je m'assois par pitié de moi
j'ouvre mes bras à la croix des sommeils
mon corps est un dernier réseau de tics amoureux
avec à mes doigts les ficelles des souvenirs perdus
je n'attends pas à demain je t'attends
je n'attends pas la fin du monde je t'attends
dégagé de la fausse auréole de ma vie

POÈME DE SÉPARATION 1

Comme aujourd'hui quand me quitte cette fille
chaque fois j'ai saigné dur à n'en pas tarir
par les sources et les nœuds qui m'enchevêtrent
je ne suis plus qu'un homme descendu à sa boue
chagrins et pluies couronnent ma tête hagarde
et tandis que l'oiseau s'émiette dans la pierre
les fleurs avancées du monde agonisent de froid
et le fleuve remonte seul debout dans ses vents

je me creusais un sillon aux larges épaules
au bout son visage montait comme l'horizon
maintenant je suis pioché d'un mal d'épieu
christ pareil à tous les christs de par le monde
couchés dans les rafales lucides de leur amour
qui seul amour change la face de l'homme
qui seul amour prend hauteur d'éternité
sur la mort blanche des destins bien en cible

je t'aime et je n'ai plus que les lèvres
pour te le dire dans mon ramas de ténèbres
le reste est mon corps igné ma douleur cymbale
nuit basalte de mon sang et mon cœur derrick
je cahote dans mes veines de carcasse et de boucane

la souffrance a les yeux vides du fer-blanc
elle ravage en dessous feu de terre noire
la souffrance la pas belle et qui déforme
est dans l'âme un essaim de la mort de l'âme

Ma Rose Stellaire Rose Bouée Rose Ma
Rose Éternité
ma caille de tendresse mon allant d'espérance
mon premier amour aux seins de pommiers en fleurs
dans la chaleur de midi violente

POÈME DE SÉPARATION 2

Tu fus quelques nuits d'amour en mes bras
et beaucoup de vertige, beaucoup d'insurrection
même après tant d'années de mer entre nous
à chaque aube il est dur de ne plus t'aimer

parfois dans la foule surgit l'éclair d'un visage
blanc comme fut naguère le tien dans ma tourmente
autour de moi l'air est plein de trous bourdonnant
peut-être qu'ailleurs passent sur ta chair désolée
pareillement des éboulis de bruits vides
et fleurissent les mêmes brûlures éblouissantes

si j'ai ma part d'incohérence, il n'empêche
que par moments ton absence fait rage
qu'à travers cette absence je me désoleille
par mauvaise affliction et sale vue malade
j'ai un corps en mottes de braise où griffe
un mal fluide de glace vive en ma substance

ces temps difficiles malmènent nos consciences
et le monde file un mauvais coton, et moi
tel le bec du pivert sur l'écorce des arbres
de déraison en désespoir mon cœur s'acharne
et comme lui, mitraillette, il martèle

ta lumière n'a pas fini de m'atteindre
ce jour-là, ma nouvellement oubliée
je reprendrai haut bord et destin de poursuivre
en une femme aimée pour elle à cause de toi

AVEC TOI

I

Je voudrais t'aimer comme tu m'aimes, d'une
seule coulée d'être ainsi qu'il serait beau
dans cet univers à la grande promesse de Sphinx
mais voici la poésie, les camarades, la lutte
voici le système précis qui écrase les nôtres
et je ne sais plus, je ne sais plus t'aimer
comme il le faudrait ainsi qu'il serait bon
ce que je veux te dire, je dis que je t'aime

l'effroi s'emmêle à l'eau qui ourle tes yeux
le dernier cri de ta détresse vrille à ma tempe
(nous vivons loin l'un de l'autre à cause de moi
plus démuni que pauvreté d'antan) (et militant)
ceux qui s'aimeront agrandis hors de nos limites
qu'ils pensent à nous, à ceux d'avant et d'après
(mais pas de remerciements, pas de pitié, par
amour), pour l'amour, seulement de temps en temps
à l'amour et aux hommes qui en furent éloignés

ce que je veux te dire, nous sommes ensemble
la flûte de tes passages, le son de ton être
ton être ainsi que frisson d'air dans l'hiver
il est ensemble au mien comme désir et chaleur

II

Je suis un homme simple avec des mots qui peinent
et je ne sais pas écrire en poète éblouissant
je suis tué (cent fois je fus tué), un tué rebelle
et j'ahane à me traîner pour aller plus loin
déchéance est ma parabole depuis des suites de pères
je tombe et tombe et m'agrippe encore
je me relève et je sais que je t'aime

je sais que d'autres hommes forceront un peu plus
la transgression, des hommes qui nous ressemblent
qui vivront dans la vigilance notre dignité réalisée
c'est en eux dans l'avenir que je m'attends
que je me dresse sans qu'ils le sachent, avec toi

UNE FIN COMME UNE AUTRE
(ou une mort en poésie...)

Si tu savais comme je lutte de tout mon souffle
contre la malédiction de bâtiments qui craquent
telles ces forces de naufrage qui me hantent
tel ce goût de l'être à se défaire que je crache

et quoi dire que j'endure dans toute ma charpente
ces années vides de la chaleur d'un autre corps
je ne pourrai pas toujours, l'air que je respire
est trop rare sans toi, un jour je ne pourrai plus

ce jour sera la mort d'un homme de courage inutile
venue avec un froid dur de cristaux dans ses
        membres
mon amour, est-ce moi plus loin que toute la neige
enlisé dans la faim, givré, yeux ouverts et brûlés

La batèche
fragments

LE DAMNED CANUCK

Nous sommes nombreux silencieux raboteux rabotés
dans les brouillards de chagrin crus
à la peine à piquer du nez dans la souche des misères
un feu de mangeoire aux tripes
et la tête bon dieu, nous la tête
un peu perdue pour reprendre nos deux mains
ô nous pris de gel et d'extrême lassitude

la vie se consume dans la fatigue sans issue
la vie en sourdine et qui aime sa complainte
aux yeux d'angoisse travestie de confiance naïve
à la rétine d'eau pure dans la montagne natale
la vie toujours à l'orée de l'air
toujours à la ligne de flottaison de la conscience
au monde la poignée de porte arrachée

ah sonnez crevez sonnailles de vos entrailles
riez et sabrez à la coupe de vos privilèges
grands hommes, classe écran, qui avez fait de moi
le sous-homme, la grimace souffrante du cro-magnon
l'homme du cheap way, l'homme du cheap work
le damned Canuck

seulement les genoux seulement le ressaut pour dire

SÉQUENCES

Parmi les hommes dépareillés de ces temps
je marche à grands coups de tête à fusée chercheuse
avec de pleins moulins de bras sémaphore
du vide de tambour dans les jambes
et le corps emmanché d'un mal de démanche
reçois-moi orphelin bel amour de quelqu'un
monde miroir de l'inconnu qui m'habite
je traverse des jours de miettes de pain
la nuit couleur de vin dans les caves
je traverse le cercle de l'ennui perroquet
dans la ville il fait les yeux des chiens malades

La batèche ma mère c'est notre vie de vie
batèche au cœur fier à tout rompre
batèche à la main inusable
batèche à la tête de braconnage dans nos montagnes
batèche de mon grand-père dans le noir analphabète
batèche de mon père rongé de veilles
batèche de moi dans mes yeux d'enfant

Les bulles du délire les couleurs débraillées
le mutisme des bêtes dans les nœuds du bois
du chiendent d'histoire depuis deux siècles
et me voici
sortant des craques des fentes des soupiraux

ma face de suaire quitte ses traits inertes
je me dresse dans l'appel d'une mémoire osseuse
j'ai mal à la mémoire car je n'ai pas de mémoire
dans la pâleur de vivre et la moire des neiges
je radote à l'envers je chambranle dans les portes
je fais peur avec ma voix les moignons de ma voix

Damned Canuck de damned Canuck de pea soup
sainte bénite de sainte bénite de batèche
sainte bénite de vie maganée de batèche
belle grégousse de vieille réguine de batèche

Suis-je ici
ou ailleurs ou autrefois dans mon village
je marche sur des étendues de pays voilés
m'écrit Olivier Marchand
alors que moi d'une brunante à l'autre
je farouche de bord en bord
je barouette et fardoche et barouche
je vais plus loin que loin que mon haleine
je vais plus loin que la fin de l'éboulement
soudain j'apparais dans une rue au nom d'apôtre
je ne veux pas me laisser enfermer
dans les gagnages du poème, piégé fou raide
mais que le poème soit le chemin des hommes
et du peu qu'il nous reste d'être fiers
laissez-moi donner la main à l'homme de peine
et amironner

Les lointains soleils carillonneurs du Haut-Abitibi
s'éloignent emmêlés d'érosions
avec un ciel de ouananiche et de fin d'automne
ô loups des forêts de Grand-Remous
votre ronde pareille à ma folie
parmi les tendres bouleaux que la lune dénonce
dans la nuit semée de montagnes en éclats
de sol tracté d'éloignement
j'erre sous la pluie soudaine et qui voyage
la vie tiraillée qui grince dans les girouettes
homme croa-croa
toujours à renaître de ses clameurs découragées
sur cette maigre terre qui s'espace
les familles se désâment
et dans la douleur de nos dépossessions
temps bêcheur temps tellurique
j'en appelle aux arquebuses de l'aube
de toute ma force en bois debout

Cré bataclan des misères batèche
cré maudit raque de destine batèche
raque des amanchures des parlures et des sacrures
moi le raqué de partout batèche
nous les raqués de l'histoire batèche

Vous pouvez me bâillonner, m'enfermer
je crache sur votre argent en chien de fusil
sur vos polices et vos lois d'exception
je vous réponds non

je vous réponds, je recommence
je vous garroche mes volées de copeaux de haine
de désirs homicides
je vous magane, je vous use, je vous rends fous
je vous fais honte
vous ne m'aurez pas vous devrez m'abattre
avec ma tête de tocson, de nœud de bois, de souche
ma tête de semailles nouvelles
j'ai endurance, j'ai couenne et peau de babiche
mon grand sexe claque
je me désinvestis de vous, je vous échappe
les sommeils bougent, ma poitrine résonne

j'ai retrouvé l'avenir

La vie agonique

En mon pays suis en terre lointaine

FRANÇOIS VILLON

En étrange pays dans mon pays lui-même

LOUIS ARAGON

L'HOMME AGONIQUE

Jamais je n'ai fermé les yeux
malgré les vertiges sucrés des euphories
même quand mes yeux sentaient le roussi
ou en butte aux rafales montantes des chagrins

Car je trempe jusqu'à la moelle des os
jusqu'aux états d'osmose incandescents
dans la plus noire transparence de nos sommeils

Tapi au fond de moi tel le fin renard
alors je me résorbe en jeux, je mime et parade
ma vérité, le mal d'amour, et douleurs et joies

Et je m'écris sous la loi d'émeute
je veux saigner sur vous par toute l'affection
j'écris, j'écris, à faire un fou de moi
à me faire le fou du roi de chacun
volontaire aux enchères de la dérision
mon rire en volées de grelots par vos têtes
en chavirées de pluie dans vos jambes

Mais je ne peux me déprendre du conglomérat
je suis le rouge-gorge de la forge
le mégot de survie, l'homme agonique

Un jour de grande détresse à son comble
je franchirai les tonnerres des désespoirs
je déposerai ma tête exsangue sur un meuble
ma tête grenade et déflagration
sans plus de vue je continuerai, j'irai
vers ma mort peuplée de rumeurs et d'éboulis
je retrouverai ma nue propriété

HÉRITAGE DE LA TRISTESSE

Il est triste et pêle-mêle dans les étoiles tombées
livide, muet, nulle part et effaré, vaste fantôme
il est ce pays seul avec lui-même et neiges et rocs
un pays que jamais ne rejoint le soleil natal
en lui beau corps s'enfouit un sommeil désaltérant
pareil à l'eau dans la soif vacante des graviers

je le vois à la bride des hasards, des lendemains
il affleure dans les songes des hommes de peine
quand il respire en vagues de sous-bois et de fougères
quand il brûle en longs peupliers d'années et d'oubli
l'inutile chlorophylle de son amour sans destin
quand gît à son cœur de misaine un désir d'être

il attend, prostré, il ne sait plus quelle rédemption
parmi les paysages qui marchent en son immobilité
parmi ses haillons de silence aux iris de mourant
il a toujours ce sourire échoué du pauvre avenir avili
il est toujours à sabrer avec les pagaies de l'ombre
l'horizon devant lui recule en avalanches de promesses

démuni, il ne connaît qu'un espoir de terrain vague
qu'un froid de jonc parlant avec le froid de ses os
le malaise de la rouille, l'à-vif, les nerfs, le nu
dans son large dos pâle les coups de couteaux cuits
il vous regarde, exploité, du fond de ses carrières
et par à travers les tunnels de son absence, un jour
n'en pouvant plus y perd à jamais la mémoire d'homme

les vents qui changez les sorts de place la nuit
vents de rendez-vous, vents aux prunelles solaires
vents telluriques, vents de l'âme, vents universels
vents ameutez-le, et de vos bras de fleuve ensemble
enserrez son visage de peuple abîmé, redonnez-lui
la chaleur

 et la profuse lumière des sillages d'hirondelles

POUR MON RAPATRIEMENT

Homme aux labours des brûlés de l'exil
selon ton amour aux mains pleines de rudes conquêtes
selon ton regard arc-en-ciel arc-bouté dans les vents
en vue de villes et d'une terre qui te soient natales

je n'ai jamais voyagé
vers autre pays que toi mon pays

un jour j'aurai dit oui à ma naissance
j'aurai du froment dans les yeux
je m'avancerai sur ton sol, ému, ébloui
par la pureté de bête que soulève la neige

un homme reviendra
d'en dehors du monde

LES SIÈCLES DE L'HIVER

Le gris, l'agacé, le brun, le farouche
tu craques dans la beauté fantôme du froid
dans les marées de bouleaux, les confréries
d'épinettes, de sapins et autres compères
parmi les rocs occultes et parmi l'hostilité

pays chauve d'ancêtres, pays
tu déferles sur des milles de patience à bout
en une campagne affolée de désolement
en des villes où ta maigreur calcine ton visage
nous nos amours vidées de leurs meubles
nous comme empesés d'humiliation et de mort

et tu ne peux rien dans l'abondance captive
et tu frissonnes à petit feu dans notre dos

ET L'AMOUR MÊME EST ATTEINT

Dans l'envol d'un espace baigné d'eaux médiantes
sur cette terre de la nostalgie rauque et basse
recouverte et découverte par l'aile des saisons
mes yeux sont ancrés dans le sort du monde
mon amour je te cherche dans l'aboli toi
ô solitude de trille blanc dans le mai des bois
je veux te posséder en même temps que ma vie
mes gestes
sont pleins de blessures mes pleins poignets
de compassion

je pioche mon destin de long en large
dans l'insolence et la patience et les lentes
            interrogations giratoires
le dû d'un homme de l'amour de rien ô dérision

toi, quels yeux as-tu dans les feuillages
de bulles de hublots de pépites
es-tu geai bleu ou jaseur des cèdres
quel cœur effaré de chevreuse dans sa fuite

si c'est ton visage au loin posé comme un phare
me voici avec mon sang de falaise et d'oriflammes
de toutes mes lèvres venteuses sur les terres
de toute la force échevelée de mes errances
déjà le monde tourne sur ses gonds
la porte tournera sur ses fables

et j'entends ton rire de bijoux consumés
dans le lit où déferlent les printemps du plaisir

il y aura toi et moi, et le cœur unanime
je serai enfin dévêtu de ma fatigue

LA BRAISE ET L'HUMUS

Rien n'est changé de mon destin ma mère mes
        camarades
le chagrin luit toujours d'une mouche à feu à l'autre
je suis taché de mon amour comme on est taché de sang
mon amour mon errance mes murs à perpétuité

un goût d'années d'humus aborde à mes lèvres
je suis malheureux plein ma carrure, je saccage
la rage que je suis, l'amertume que je suis
avec ce bœuf de douleurs qui souffle dans mes côtes

c'est moi maintenant mes yeux gris dans la braise
c'est mon cœur obus dans les champs de tourmente
c'est ma langue dans les étapes des nuits de ruche
c'est moi cet homme au galop d'âme et de poitrine

je vais mourir comme je n'ai pas voulu finir
mourir seul comme les eaux mortes au loin
dans les têtes flambées de ma tête, à la bouche
les mots corbeaux de poèmes qui croassent
je vais mourir vivant dans notre empois de mort

MONOLOGUES
DE L'ALIÉNATION DÉLIRANTE

Le plus souvent ne sachant où je suis ni pourquoi
je me parle à voix basse voyageuse
et d'autres fois en phrases détachées (ainsi
que se meut chacune de nos vies)
puis je déparle à voix haute dans les haut-parleurs
crevant les cauchemars, et d'autres fois encore
déambulant dans un orbe calfeutré, les larmes
poussent comme de l'herbe dans mes yeux
j'entends de loin: de l'enfance, ou du futur
les eaux vives de la peine lente dans les lilas
je suis ici à rétrécir dans mes épaules
je suis là immobile et ridé de vent

le plus souvent ne sachant où je suis ni comment
je voudrais m'étendre avec tous et comme eux
corps farouche abattu avec des centaines d'autres
me morfondre pour un sort meilleur en
        marmonnant
en trompant l'attente héréditaire et misérable
je voudrais m'enfoncer dans la nord nuit de métal
enfin me perdre évanescent, me perdre
dans la fascination de l'hébétude multiple
pour oublier la lampe docile des insomnies
à l'horizon intermittent de l'existence d'ici

or je suis dans la ville opulente
la grande St. Catherine Street galope et claque
dans les Mille et une nuits des néons
moi je gis, muré dans la boîte crânienne
dépoétisé dans ma langue et mon appartenance
déphasé et décentré dans ma coïncidence
ravageur je fouille ma mémoire et mes chairs
jusqu'en les maladies de la tourbe et de l'être
pour trouver la trace de mes signes arrachés emportés
pour reconnaître mon cri dans l'opacité du réel

or je descends vers les quartiers minables
bas et respirant dans leur remugle
je dérive dans des bouts de rues décousus
voici ma vraie vie — dressée comme un hangar —
débarras de l'Histoire — je la revendique
je refuse un salut personnel et transfuge
je m'identifie depuis ma condition d'humilié
je le jure sur l'obscure respiration commune
je veux que les hommes sachent que nous savons

le délire grêle dans les espaces de ma tête
claytonies petites blanches claytonies de mai
pourquoi vous au fond de la folie mouvante
feux rouges les hagards tournesols de la nuit
je marche avec un cœur de patte saignante

c'est l'aube avec ses pétillements de branches
par-devers l'opaque et mes ignorances

je suis signalé d'aubépines et d'épiphanies
poésie mon bivouac
ma douce svelte et fraîche révélation de l'être
tu sonnes aussi sur les routes où je suis retrouvé
avançant mon corps avec des pans de courage
avançant mon cou au travers de ma soif
par l'haleine et le fer
et la vaillante volonté des larmes

salut de même humanité des hommes lointains
malgré vous malgré nous je m'entête à exister
salut à la saumure d'homme

à partir de la blanche agonie de père en fils
à la consigne de la chair et des âmes
à tous je me lie
jusqu'à l'état de détritus s'il le faut
dans la résistance
à l'amère décomposition viscérale et ethnique
de la mort des peuples drainés
où la mort n'est même plus la mort de quelqu'un

LES ANNÉES DE DÉRÉLICTION
recours didactique

La noirceur d'ici qui gêne le soleil lui-même
me pénètre, invisible comme l'idiotie teigneuse
chaque jour dans ma vie reproduit le précédent
et je succombe sans jamais mourir tout à fait

celui qui n'a rien comme moi, comme plusieurs
marche depuis sa naissance, marche à l'errance
avec tout ce qui déraille et tout ce qui déboussole
dans son vague cerveau que l'agression embrume

comment me retrouver labyrinthe ô mes yeux
je marche dans mon manque de mots et de pensée
hors du cercle de ma conscience, hors de portée
père, mère, je n'ai plus mes yeux de fil en aiguille

puisque je suis perdu, comme beaucoup des miens
que je ne peux parler autrement qu'entre nous
ma langue pareille à nos désarrois et nos détresses
et bientôt pareille à la fosse commune de tous

puisque j'ai perdu, comme la plupart autour
perdu la mémoire à force de misère et d'usure
perdu la dignité à force de devoir me rabaisser
et le respect de moi-même à force de dérision

puisque je suis devenu, comme un grand nombre
une engeance qui tant s'éreinte et tant s'esquinte
à retrouver son nom, sa place et son lendemain
et jusqu'à s'autodétruire en sa légitimité même

terre, terre, tu bois avec nous, terre comme nous
qui échappes à toute prégnance nôtre et aimante
tu bois les millénaires de la neige par désespoir
avec comme nous une fixité hagarde et discontinue

cependant que la beauté aurifère du froid
t'auréole et comme nous dans la mort te sertit

je vais, parmi des avalanches de fantômes
je suis mon hors-de-moi et mon envers
nous sommes cernés par les hululements proches
des déraisons, des maléfices et des homicides

je vais, quelques-uns sont toujours réels
lucides comme la grande aile brûlante de l'horizon
faisant sonner leur amour tocsin dans le malheur
une souffrance concrète, une interrogation totale

poème, mon regard, j'ai tenté que tu existes
luttant contre mon irréalité dans ce monde
nous voici ballottés dans un destin en dérive
nous agrippant à nos signes méconnaissables

notre visage disparu, s'effaceront tes images
mais il me semble entrevoir qui font surface
une histoire et un temps qui seront nôtres
comme après le rêve quand le rêve est réalité

et j'élève une voix parmi des voix contraires
sommes-nous sans appel de notre condition
sommes-nous sans appel à l'universel recours

hommes, souvenez-vous de vous en d'autres temps

TÊTE DE CABOCHE

Une idée ça vrille et pousse
l'idée du champ dans l'épi de blé
au cœur des feuilles l'idée de l'arbre
qui va faire une forêt
et même, même
forcenée, l'idée du chiendent

c'est dans l'homme tenu
sa tourmente aiguisée
sa brave folie grimpante

non, ça n'déracine pas
ça fait à sa tête de travers
cette idée-là, bizarre! qu'on a
tête de caboche, ô liberté

SUR LA PLACE PUBLIQUE
recours didactique

Mes camarades au long cours de ma jeunesse
si je fus le haut lieu de mon poème, maintenant
je suis sur la place publique avec les miens
et mon poème a pris le mors obscur de nos combats

Longtemps je fus ce poète au visage conforme
qui frissonnait dans les parallèles de ses pensées
qui s'étiolait en rage dans la soie des désespoirs
et son cœur raillait de haut la crue des injustices

Maintenant je sais nos êtres en détresse dans le siècle
je vois notre infériorité et j'ai mal en chacun de nous

Aujourd'hui sur la place publique qui murmure
j'entends la bête tourner dans nos pas
j'entends surgir dans le grand inconscient résineux
les tourbillons des abattis de nos colères

Mon amour tu es là, fière dans ces jours
nous nous aimons d'une force égale à ce qui nous sépare
la rance odeur de métal et d'intérêts croulants
tu sais que je peux revenir et rester près de toi
ce n'est pas le sang, ni l'anarchie ou la guerre
et pourtant je lutte, je te le jure, je lutte
parce que je suis en danger de moi-même à toi
et tous deux le sommes de nous-mêmes aux autres

Les poètes de ce temps montent la garde du monde
car le péril est dans nos poutres, la confusion
une brunante dans nos profondeurs et nos surfaces
nos consciences sont éparpillées dans les débris
de nos miroirs, nos gestes des simulacres de liberté
je ne chante plus je pousse la pierre de mon corps

Je suis sur la place publique avec les miens
la poésie n'a pas à rougir de moi
j'ai su qu'une espérance soulevait ce monde jusqu'ici

COMPAGNON DES AMÉRIQUES

Compagnon des Amériques
Québec ma terre amère ma terre amande
ma patrie d'haleine dans la touffe des vents
j'ai de toi la difficile et poignante présence
avec une large blessure d'espace au front
dans une vivante agonie de roseaux au visage

je parle avec les mots noueux de nos endurances
nous avons soif de toutes les eaux du monde
nous avons faim de toutes les terres du monde
dans la liberté criée de débris d'embâcle
nos feux de position s'allument vers le large
l'aïeule prière à nos doigts défaillante
la pauvreté luisant comme des fers à nos chevilles

mais cargue-moi en toi pays, cargue-moi
et marche au rompt le cœur de tes écorces tendres
marche à l'arête de tes dures plaies d'érosion
marche à tes pas réveillés des sommeils d'ornières
et marche à ta force épissure des bras à ton sol

mais chante plus haut l'amour en moi, chante
je me ferai passion de ta face
je me ferai porteur de ton espérance
veilleur, guetteur, coureur, haleur de ton avènement
un homme de ton réquisitoire
un homme de ta patience raboteuse et varlopeuse

un homme de ta commisération infinie
        l'homme artériel de tes gigues
dans le poitrail effervescent de tes poudreries
dans la grande artillerie de tes couleurs d'automne
dans tes hanches de montagnes
dans l'accord comète de tes plaines
dans l'artésienne vigueur de tes villes
devant toutes les litanies
        de chats-huants qui huent dans la lune
devant toutes les compromissions en peaux de vison
devant les héros de la bonne conscience
les émancipés malingres
        les insectes des belles manières
devant tous les commandeurs de ton exploitation
de ta chair à pavé
        de ta sueur à gages

mais donne la main à toutes les rencontres, pays
toi qui apparais
        par tous les chemins défoncés de ton histoire
aux hommes debout dans l'horizon de la justice
qui te saluent
salut à toi territoire de ma poésie
salut les hommes et les femmes
des pères et mères de l'aventure

L'OCTOBRE

L'homme de ce temps porte le visage de la
      Flagellation
et toi, Terre de Québec, Mère Courage
dans ta Longue Marche, tu es grosse
de nos rêves charbonneux douloureux
de l'innombrable épuisement des corps et des âmes

je suis né ton fils par en haut là-bas
dans les vieilles montagnes râpées du Nord
j'ai mal et peine ô morsure de naissance
cependant qu'en mes bras ma jeunesse rougeoie

voici mes genoux que les hommes nous pardonnent
nous avons laissé humilier l'intelligence des pères
nous avons laissé la lumière du verbe s'avilir
jusqu'à la honte et au mépris de soi dans nos frères
nous n'avons pas su lier nos racines de souffrance
à la douleur universelle dans chaque homme ravalé

je vais rejoindre les brûlants compagnons
dont la lutte partage et rompt le pain du sort commun
dans les sables mouvants des détresses grégaires

nous te ferons, Terre de Québec
lit des résurrections
et des mille fulgurances de nos métamorphoses
de nos levains où lève le futur
de nos volontés sans concessions

les hommes entendront battre ton pouls dans l'histoire
c'est nous ondulant dans l'automne d'octobre
c'est le bruit roux de chevreuils dans la lumière
l'avenir dégagé

                l'avenir engagé

L'amour et le militant

Chaque jour je m'enfonce dans ton corps
et le soleil vient bruire dans mes veines
mes bras enlacent ta nudité sans rivages
où je déferle pareil à l'espace sans bords

sur les pentes d'un combat devenu total
au milieu de la plus quotidienne obscurité
je pense à toi tel qu'au jour de ma mort
chaque jour tu es ma seule voie céleste

malgré l'érosion des peines tourmenteuses
je parviens à hisser mon courage faillible
je parviens au pays lumineux de mon être
que je t'offre avec le goût d'un cours nouveau

amour, sauvage amour de mon sang dans l'ombre
mouvant visage du vent dans les broussailles
femme, il me faut t'aimer femme de mon âge
comme le temps précieux et blond du sablier

Quand je te retrouve après les camarades
le monde est agrandi de nos espoirs de nos paroles
et de nos actions prochaines dans la lutte
c'est alors de t'émouvoir que je suis enhardi
avec l'intensité des adieux désormais dénoués
et de l'aube recommencée sur l'autre versant
lorsque dans nos corps et autour
lorsque dans nos pensées emmêlées
lentement de sondes lentement de salive solaire
jonchés de flores caressés de bêtes brûlantes
secoués de fulgurants déplacements de galaxies
où des satellites balisent demain de plus de dieux
ainsi de te prendre dans le tumulte et l'immensité
lucide avec effervescence
tu me hâtes en toi consumant le manège du désir
et lors de l'incoercible rafale fabuleuse
du milieu de nous confondus sans confins
se lèvent et nous soulèvent
l'empan et le faîte de l'étreinte plus pressante
que la fatalité
noueuse et déliée, chair et verbe, espace
que nous formons largués l'un dans l'autre

Parle-moi parle-moi de toi parle-moi de nous
j'ai le dos large je t'emporterai dans mes bras
j'ai compris beaucoup de choses dans cette époque
les visages et les chagrins dans l'éloignement
la peur et l'angoisse et les périls de l'esprit
je te parlerai de nous de moi des camarades
et tu m'emporteras comblée dans le don de toi

jusque dans le bas-côté des choses
dans l'ombre la plus perdue à la frange
dans l'ordinaire rumeur de nos pas à pas
lorsque je rage butor de mauvaise foi
lorsque ton silence me cravache farouche
dans de grandes lévitations de bonheur
et dans quelques grandes déchirures
ainsi sommes-nous un couple
toi s'échappant de moi
moi s'échappant de toi
pour à nouveau nous confondre d'attirance
ainsi nous sommes ce couple ininterrompu
tour à tour désassemblé et réuni à jamais

Frêle frileuse femme qui vas difficilement
(son absence fait mal en creux dans ton ventre)
d'un effort à l'autre et dans l'espérance diffuse
tiens debout en vie aux souffles des nécessités

diaphane fragile femme belle toujours d'une flamme
de bougie, toi aussi tu as su, tes yeux s'effarent
(l'humidité de l'ennui, ta fraîcheur qui s'écaille)
patiente amoureuse femme qui languis de cet homme

mince courageuse femme qui voiles ton angoisse
(tu oublies ses rencontres, ses liens clandestins)
sans toujours le vouloir il te mêle à sa souffrance
ce monde qui nous entoure auquel ses bras se donnent

la justice est-il écrit est l'espoir de l'homme
(il se mépriserait lui-même du mépris qu'on lui porte)
elle pense: c'est en toi qu'est ancrée ma présence
il pense: c'est par elle unanime que je possède ma vie

Ce que la mer chante à des milles d'ici
la force de ton ventre, le besoin absolu
de m'ériger en toi
voici que mes bras de mâle amour s'ébranlent
pour les confondre en une seule étendue

ce que la terre dans l'alchimie de ses règnes
abandonne et transmue en noueuses genèses
de même je l'accomplis en homme concret
dans l'arborescence de l'espèce humaine
et le destin qui me lie à toi et aux nôtres

si j'étais mort avant de te connaître
ma vie n'aurait jamais été que fil rompu
pour la mémoire et pour la trace
je n'aurais rien su de mon corps d'après la mort
ni des grands fonds de la durée
rien de la tendresse au long cours de tes gestes
cette vie notre éternité qui traverse la mort

et je n'en finis pas d'écouter les mondes
au long de tes hanches...

LE CAMARADE

Camarade tu passes invisible dans la foule
ton visage disparaît dans la marée brumeuse
de ce peuple au regard épaillé sur ce qu'il voit
la tristesse a partout de beaux yeux de hublot

tu écoutes les plaintes de graffiti sur les murs
tu touches les pierres de l'innombrable solitude
tu entends battre dans l'ondulation des épaules
ce cœur lourd par la rumeur de la ville en fuite

tu allais Jean Corbo au rendez-vous de ton geste
tandis qu'un vent souterrain tonnait et cognait
pour des années à venir
dans les entonnoirs de l'espérance

      qui donc démêlera la mort de l'avenir

LE SALUT D'ENTRE LES JOURS

à Pierre Vallières et Charles Gagnon

Je vous salue clandestins et militants, hommes
plus grands pour toujours que l'âge de vos juges

camarades,

votre pas dans les parages encore incertains
de ces jours de notre histoire où vous alliez
touchant le fond âpre, l'étendue panique
et l'abandon des nôtres par qui nous savons

camarades,

comme arbre avec un arbre, mur avec un mur
comme souffle dans le jour et nuit dans la nuit
parmi les révélations souterraines de la colère
parmi le déferlement des compassions noueuses
avec la peur et l'angoisse tenues sous le regard
marqués par le scandale du dérisoire embrasement
de ceux qui changent la honte subie en dignité
et l'espérance a fini de n'être que l'espérance

camarades,

nombreux dans celui qui va seul au rendez-vous
avec notre nom et notre visage pour le monde
chacun dans chacun n'étant plus divisé en soi

Aliénation délirante

recours didactique

Y est-y flush lui... c'est un blood man... watch out à mon seat cover... c'est un testament de bon deal...

voici me voici l'unilingue sous-bilingue voilà comment tout commence à se mêler à s'embrouiller c'est l'écheveau inextricable

Je m'en vas à la grocerie... pitche-moi la balle... toé scram d'icitte... y t'en runne un coup...

voici me voici l'homme du langage pavlovien les réflexes conditionnés bien huilés et voici les affiches qui me bombardent voici les phrases mixtes qui me sillonnent le cerveau verdoyant voici le garage les banques l'impôt le restaurant les employeurs avec leurs hordes et leurs pullulements de nécessités bilingues qui s'incrustent dans la moelle épinière de l'espace mental du langage et te voici dans l'engrenage et tu attrapes l'aliénation et tu n'en sortiras qu'à coup de torture des méninges voilà comment on se réveille un bon jour vers sa vingtième année infesté cancéreux qui s'ignore et ça continue

Passe-moi le lighter... j'ai skidé right back... le dispatcher
m'a donné ma slip pour aller gaser... donne-moé le wrench
que je spère le sign'... toé t'es un mental... j'ai quand même
envie d'un good score... ces maudits-là y vont faire rire de
nus autes... aie sir you speak french pour l'amour du bon
dieu vous pourriez pas me passer dix cennes garanti c'est pas
pour un verre de bière c'est pour manger... encore un verrat
de bloke qui parle pas françâ sus la djobe... j'te dis que j'te
l'ai squeezée pis neckée à mort... monsieur c'est vrai chus pas
capable de parler anglais avec les clients mais chus capable
de donner mes ordres en anglais au cook prenez-moé comme
waitrisse... on s'est entendu full top... maudit locké ça
m'arriverait pas une shot de fois à moé...

ainsi le temps s'abolit ainsi l'éternité fait irruption
dans l'instant ainsi je ne vis pas une histoire je ne suis
pour ceux qui font l'histoire à l'étage supérieur
qu'une maladie du soubassement dont ils souffrent
depuis un certain temps deux siècles environ je crois
une maladie naguère bénigne sais pas j'essaie de voir
quelque chose de temps en temps comme une dé-
mangeaison mais aujourd'hui qui se manifeste et
culmine en abcès de fixation de sorte qu'il est temps
estiment-ils d'en faire l'ablation ou quelque chose
d'équivalent ce quelque chose qui peut-être surpren-
dra la maladie elle-même ainsi la maladie se résor-
bera dans la déglutition des grands ensembles

alors tout finit par chambranler autour de toi puis
c'est la grande rasade la grande débarque la grande
galope la grande toupie la grande tombée dans les
pâmes de l'irrationnel tu marches tu vires il n'y a plus

rien de repérable plus de points cardinaux tu regardes le ciel et la terre à l'endroit ou à l'envers et c'est tout comme il n'y a plus ni forces centrifuges ni centripètes

alors l'univers t'appartient tu es fils de l'universel tu n'as plus terre lieu ni feu et tu t'affirmes universel en te niant et tout est cotonneux blanc gros sel et lisse verre polarisé et alors tu commences à faire de la littérature à cause des mirages et tu vois l'Homme et tu vois la Personne Humaine et tu vois ses Attributs universels et tu vois la Culture indépendamment des accidents ethniques géographiques ou religieux et tu vois les Tâches sans attaches ni matrice ni homogénéité et tu vois les Critères humains et tu vois la Politique Fonctionnelle flotter sur le crâne chenu du bel univers harmonisé et tu vois pour ton compte se lever les couchers de soleil de la beauté et les oiseaux et les fleurs faire cui-cui et belles hampes avec corolle à cinq rangées dans tes vers et tu vois que tu oublies les Priorités c'est-à-dire les trous de printemps dans les rues et la loi des coroners de quinze ans traînant la patte parce qu'il va de soi que tu ne peux résoudre les problèmes qu'à la queue leu leu consécutivement contigûment c'est-à-dire les trous dans les rues et la loi des coroners de sorte qu'il faut commencer par ça de sorte que «tout ce qui est une vue partielle ne peut être absolument bon ni pour la même raison absolument mauvais» et tu vois que tu meurs par le tout et tu vois que tu ne te vois plus alors tu te mets à te chercher à belles dents mais tu n'as plus de dents et tandis que d'autres ont le retard de leur avance toi tu es toujours en retard d'un rattrapage et alors tu plonges dans ta peau de peau et tu touches du doigt que tu es dans l'eau salée qui défait les chairs dans un acide qui corrode les plus résistants dans un périple de générations dans une entreprise d'élevage en série pour la fonction et que tu disparais dans la densité dans le nombre indifférencié dans l'informe l'incertain le vague tandis que pérorent toujours au-dessus du magma les CATÉGORIES ci-devant énoncées par les spécialistes d'usage et tu touches du doigt s'il t'en reste l'occultation par lesdites CATÉGORIES de ce dans quoi tu te meus c'est-à-dire tes déterminations et ta spécificité parce qu'elles nient celles-ci et tu touches de ton moignon qu'elles suppriment l'un des termes de la dialectique de sorte que tu es tranquille sans antagonismes et sans tensions, sans tragique et sans destin et tu touches avec ton moignon raccourci que tu ne peux dire qui tu es et que par conséquent personne autre que toi ne sait comment tu te perçois dans l'amplification de la trame sonore de l'existentiel pas plus que les autres cellules tenues étanches de la reproduction collective et alors tu t'évades par la calotte dans un salut personnel où tu rejoins les quelques autres avec tous les attributs et les critères humains universels

alors tu ré-entends parler de la Personne Humaine tu entends un nommé Dean Rusk demander aux peuples libres qui croient en cette même Personne et en ses Droits inaliénables de resserrer le blocus autour de Cuba «économiquement, politiquement et spirituellement» et tu entends un certain Cabot Lodge protester au nom encore de cette même Personne et de ses mêmes Droits de la sauvagerie de la barbarie d'un attentat du Viêt-cong contre trois innocents officiers américains et qui demande aux peuples libres de condamner de telles méthodes et tu lis dans ton journal qu'un avion vietnamien sur le conseil des civilisés a rasé au napalm un village de ce pays repaire de vermine et qu'il n'est pas resté de survivants et toi tu en conclus que ces gens-là ne font pas partie de l'Humanité et qu'ils n'ont pas de Personne Humaine et toi tu en viens quelque part dans ta pensée polluée de dualisme de langage depuis la formation de ton psychisme premier à te demander si c'est bien de la même Personne Humaine que se réclament les spécialistes d'usage de chez nous et toi tu ne sais plus quoi penser ni qui tu es et si tu as une Personne Humaine et laquelle si c'est oui

alors ce coup de lucidité agit comme un coup de bambou et tu t'acharnes et décharnes tu es la proie de l'osmose tu oscilles tu déraisonnes tu délires tes bras frappent l'air comme ceux des moulins à vent tu deviens un monceau de tics un paquet traumatisé tu fais eau de toutes parts tu es traversé de part en part tu te sens mal de pis en pis sombrer désintégrer t'enliser sans prise tu es médiocre inférieur les peurs les fantasmagories le dégoût la nausée le pot au noir du désespoir tu entends des voix tu fais le con le pitre la risée et tu n'es plus que deux yeux de grenouille à la surface de l'étang et tu n'es plus tout court tandis que les subtils effluves de l'agression t'enveloppent tournoient s'insinuent et à la fin dans ton histoire qui n'a ni commencement ni fin tu te suicides sans mourir comme un lemming dans l'infini et la densité de l'inconsistance fluide et non caractérisée sinon par la négation de toute caractérisation et alors donnant naissance à une autre cellule en tous points pareille à ce que tu ne fus jamais et qui parcourra les mêmes états intermédiaires et tronqués sans vraiment se posséder et se concevoir et pouvoir se vivre comme expérience connaissance spécificité identité destinée et universalité tandis que tu t'avances titubant de plus en plus dans la plus gigantesque saoulerie d'irréel ô mon schizophrène dans le plus fantomatique des mondes et tu n'es plus qu'une fonction digestive à l'échelle de ta vie

ne dépassez pas quand arrêté… pharmacie à prix coupés… balancement des roues… saveur sans aucun doute… coinwash… Canadian Acceptance Co… City & District Savings Bank… Shoe Fox… Hot smoked meat… Albert's Men's Wear… Bed's Furniture… National Meat Market… Nous vous remercions de votre patronage… monnaie exacte… limites légales…

Notes sur le non-poème
et le poème

extraits

Je parle seulement pour moi et quelques autres
puisque beaucoup de ceux qui ont parole
se déclarent satisfaits.
Voyez les manchettes.

Je parle de ceci.

Ceci, mon état d'infériorité collectif. Ceci, qui
m'agresse dans mon être et ma qualité d'homme
espèce et spécifique. En dehors tout ensemble qu'en
dedans. Je parle de ce qui sépare. Ceci, les conditions
qui me sont faites et que j'ai fini par endosser comme
une nature. Ceci, qui sépare le dedans et le dehors en
en faisant des univers opaques l'un à l'autre.

oui, à Jacques Berque

> Ceci est agonique
> Ceci de père en fils jusqu'à moi
>
> Le non-poème
> c'est ma tristesse
> ontologique
> la souffrance d'être un autre

Le non-poème
ce sont les conditions subies sans espoir
de la quotidienne altérité

Le non-poème
c'est mon historicité
vécue par substitutions

Le non-poème
c'est ma langue que je ne sais plus reconnaître
des marécages de mon esprit brumeux
à ceux des signes aliénés de ma réalité

Le non-poème
c'est la dépolitisation maintenue
de ma permanence

Or le poème ne peut se faire
que contre le non-poème
ne peut se faire qu'en dehors du non-poème
car le poème est émergence
car le poème est transcendance
dans l'homogénéité d'un peuple qui libère
sa durée inerte tenue emmurée

Le poème, lui, est debout
dans la matrice culture nationale
il appartient
avec un ou dix mille lecteurs
sinon il n'est que la plainte ininterrompue
de sa propre impuissance à être
sinon il se traîne dans l'agonie de tous

(Ainsi je deviens
illisible aux conditions de l'altérité
— What do you want? disent-ils —
ainsi je deviens
concret à un peuple)

Poème, je te salue
dans l'unité refaite du dedans et du dehors
ô contemporanéité flambant neuve
je te salue, poème, historique, espèce
et présent de l'avenir

Le poème, ici, a commencé
d'actualiser
le poème, ici, a commencé
d'être souverain

Je me hurle dans mes harnais. Je sais ce que je sais, CECI, ma culture polluée, mon dualisme linguistique, CECI, le non-poème, qui a détruit en moi jusqu'à la racine l'instinct même du mot français. Je sais, comme une bête dans son instinct de conservation, que je suis l'objet d'un processus d'assimilation, comme homme collectif, par la voie légaliste (le statu quo structurel) et démocratique (le rouleau compresseur majoritaire). Je parle de ce qui me regarde, le langage, ma fonction sociale comme poète, à partir d'un code commun à un peuple. Je dis que la langue est le fondement même de l'existence d'un peuple, parce qu'elle réflechit la totalité de sa culture en signes, en signifiés, en signifiance. Je dis que je suis atteint dans mon âme, mon être, je dis que l'altérité pèse sur nous comme un glacier qui fond sur nous, qui nous déstructure, nous englue, nous dilue. Je dis que cette atteinte est la dernière phase d'une dépossession de soi comme être, ce qui suppose qu'elle a été précédée par l'aliénation du politique et de l'économique. Accepter CECI c'est me rendre complice de l'aliénation de mon âme de peuple, de sa disparition en l'Autre. Je dis que la disparition d'un peuple est un crime contre l'humanité, car c'est priver celle-ci d'une manifestation différenciée d'elle-même. Je dis que personne n'a le droit d'entraver la libération d'un peuple qui a pris conscience de lui-même et de son historicité.

En CECI le poème se dégrade. En CECI le poème prend tous les masques d'une absence, la nôtre-mienne. Mais contestant CECI, absolument, le poème est genèse de présence, la nôtre-mienne. En CECI, le poème s'essaie, puis retombe dans l'enceinte de son en-deçà. Ô poème qui s'essaie, dont la langue n'a pas de primum vivere, poème en laisse, pour la dernière fois je m'apitoie sur toi, avec nos deux siècles de saule pleureur dans la voix.

> Mon poème
> comme le souffle d'un monde affalé contre sa
>   mort
>   qui ne vient pas
>   qui ne passe pas
>   qui ne délivre pas

comme une suite de mots moribonds en héritage
comme de petits flocons de râles aux abords
    des lèvres
comme dans les étendues diffuses de mon corps
mon poème
entre haleine et syncopes
ce faible souffle phénix d'un homme cerné
    d'irréel
dans l'extinction de voix d'un peuple granulé
dans sa déréliction pareille aux retours des
    saisons
une buée non repérable dans le miroir du
    monde
mon poème
ce poème-là
paix à tes cendres

l'amnésie de naissance

Où en suis-je en CECI? Qu'est-ce qui se passe en CECI? Par exemple, je suis au carrefour Sainte-Catherine et Papineau, le calendrier marque 1964, c'est un printemps, c'est mai. CECI, figé, avec un murmure de nostalgie, se passe tout aussi bien en 1930 qu'en 1956. Je suis jeune et je suis vieux tout à la fois. Où que je sois, où que je déambule, j'ai le vertige comme un fil à plomb. Je n'ai pas l'air étrange, je suis étranger. Depuis la palpitation la plus basse de ma vie, je sens monter en moi les marées végétales et solaires d'un printemps, celui-ci ou un autre, car tout se perd à perte de sens et de conscience. Tout est sans contours, je deviens myope de moi-même, je deviens ma vie intérieure exclusivement. J'ai la connaissance infime et séculaire de n'appartenir à rien. Je suis suspendu dans le coup de foudre permanent d'un arrêt de mon temps historique, c'est-à-dire d'un temps fait et vécu entre les hommes, qui m'échappe; je ne ressens plus qu'un temps biologique, dans ma pensée et dans mes veines. Les autres, je les perçois comme un agrégat. Et c'est ainsi depuis des générations que je me désintègre en ombelles soufflées dans la vacuité de mon esprit, tandis qu'un soleil blanc de neige vient tournoyer dans mes yeux de blanche nuit. C'est précisément et singulièrement ici que naît le malaise, qu'affleure le sentiment d'avoir perdu la mémoire. Univers cotonneux. Les mots, méconnaissables, qui flottent à la dérive. Soudain je veux crier. Parfois je veux prendre à la gorge le premier venu pour lui faire avouer qui je suis. Délivrez-moi du crépuscule de ma tête. De la lumière noire, la lumière vacuum. Du monde lisse. Je suis malade d'un cauchemar héréditaire. Je ne me reconnais pas de passé récent. Mon nom est «Amnésique Miron».

Le monde est noir puis le monde est blanc
le monde est blanc puis le monde est noir
entre deux chaises deux portes
                              ou chien et loup
un mal de roc diffus rôdant dans la carcasse
le monde est froid puis le monde est chaud
le monde est chaud puis le monde est froid
mémoire sans tain

des années tout seul dans sa tête
homme flou, cœur chavirant, raison mouvante

Comment faire qu'à côté de soi un homme
porte en son regard le bonheur physique de sa
    terre
et dans sa mémoire le firmament de ses signes

Beaucoup n'ont pas su, sont morts de vacuité
mais ceux-là qui ont vu je vois par leurs yeux

la dénonciation

Je sais qu'en CECI ma poésie est occultée
en moi et dans les miens
je souffre dans ma fonction, poésie
je souffre dans mon matériau, poésie
CECI est un processus de dé-création
CECI est un processus de dé-réalisation

Je dis que pour CECI il n'est pas possible que je sois tout un chacun coupable. Il y a des complicités inavouées. Il n'est pas possible que tout le monde ait raison en même temps. Il y a des coupables précis. Nous ne sommes pas tous coupables de tant de souffrance sourde et minérale dans tous les yeux affairés, la même, grégaire. Nous ne sommes pas tous coupables d'une surdité aussi générale derrière les tympans, la même, grégaire. D'une honte et d'un mépris aussi généralement intériorisés dans le condition-

nement, les mêmes, grégaires. Il y a des coupables.
Connus et inconnus. En dehors, en dedans.

Longtemps je n'ai su mon nom, et qui j'étais,
que de l'extérieur. Mon nom est «Pea Soup». Mon
nom est «Pepsi». Mon nom est «Marmelade». Mon
nom est «Frog». Mon nom est «Damned Canuck».
Mon nom est «speak white». Mon nom est «dish was-
her». Mon nom est «floor sweeper». Mon nom est
«Bastard». Mon nom est «cheap». Mon nom est
«sheep». Mon nom... Mon nom...

> En CECI le poème n'est pas normal
> l'humiliation de ma poésie est ici
> une humiliation ethnique
> pour que tous me voient
> dans ma transparence la plus historique
> j'assume, devers le mépris,
> ce pourquoi de mon poème
> où il s'oppose à CECI, le non-poème

La mutilation présente de ma poésie, c'est ma
réduction présente à l'explication. En CECI, je suis un
poète empêché, ma poésie est latente, car vivant CECI
j'échappe au processus historique de la poésie. Dites
cela en prose, svp! — You bet!

> Mais cette brunante dans la pensée
> même quand je pense
> c'est ainsi
> par contiguïté, par conglomérat
> par mottons de mots

en émergence du peuple
car je suis perdu en lui et avec lui
seul lui dans sa reprise
peut rendre ma parole
intelligible
et légitime

J'écris ces choses avec fatigue, comme celui qui disait être «las de ce monde ancien». De ces régions de mon esprit comme du bois qui craque dans le froid. Les régions exsangues. Dans l'incohérence qui me baigne de part en part, aux prises avec la confusion de mes vocables les plus familiers, en proie à la perversion sémantique à l'échelle de toute une langue. Dans le refoulement constant dans mon irrationalité dans laquelle CECI me rejette à tout moment. Dans le malheur commun quand le malheur ne sait pas encore qu'il est malheur. Je l'écris pour mémoire. Comme étant transitoire. Je l'écris pour attester que CECI, le non-poème, a existé et existe encore; que CECI, le non-poème, est né par qui nous savons, par qui l'histoire saura. Pour dire et donner voix au muet.

Comment dire ce qui ne peut se confier? Je n'ai que mon cri existentiel pour m'assumer solidaire de l'expérience d'une situation d'infériorisation collective. Comment dire l'aliénation, cette situation incommunicable? Comment être moi-même si j'ai le sentiment d'être étranger dans mon objectivité, si celle-ci m'apparaît comme opaque et hostile, et si je n'existe qu'en ma subjectivité? Il appartient au poème de prendre conscience de cette aliénation, de reconnaître l'homme carencé de cette situation. Seul celui-là qui se perçoit comme tel, comme cet homme, peut dire la situation. L'œuvre du poème, dans ce moment de réappropriation consciente, est de s'affirmer solidaire dans l'identité. L'affirmation de soi, dans la lutte du poème, est la réponse à la situation qui dissocie, qui sépare le dehors et le dedans. Le poème refait l'homme.

Et CECI, qui est ma parenthèse, est antéhistorique au poème.

CECI, aujourd'hui, parce que le poème a commencé d'être souverain, devient peu à peu postcolonial.

En conséquence de quoi, je vais jusqu'au bout dans la démonstration monstrueuse et aberrante. Je mets en scène l'aliénation, je me mets en scène. Aujourd'hui je fais UN boulot, par suppléance, mais demain je ferai MON boulot, qui est d'écrire des poèmes. Aujourd'hui je mène un combat contre les dernières survivances de mon irréalité. Le poème est irréversible. Je vais jusqu'au bout dans la démission de ce que les auteurs de CECI (du dedans comme du dehors) ont voulu que je sois et que j'ai fini, mystifié, par vouloir être. Je déboulonne la mystification. Je ne trahis pas la poésie, je montre son empêchement, son encerclement. Ainsi je la sers en vérité, ainsi je la

situe dans son processus. Les pharisiens ne pardon-
neront jamais à ma poésie d'avoir eu honte AVEC tous,
en esprit et en vérité, au lieu DE tous. D'avoir eu
honte dans l'homme concret — ses conditions de vie,
sa quotidienneté, la trame de ses humiliations — et
non pas dans l'homme abstrait, éternel.

Je dresse l'acte de mon art prépoétique. Je me
fais immédiatement comestible, immédiatement
périssable.

Dans la pratique de ma vie quotidienne
je me fais didactique à tous les coins de rue
je me fais politique dans ma revendication
     totalisante
dans la pratique de mon art
je me fais utopique à pleines brasses vers ma
     nouvelle réalité
en deçà de l'espoir agonique
au-delà du désespoir agonique
je me fais idéologique (je n'avoue pas, je refuse
     que CECI soit le normal, soit l'ordre social
     naturel)
je me fais éthique (je ne consens en rien à
     l'oppression qui m'est faite, je me vis radical)
je me fais dialectique (néanmoins j'assume
     cette condition pour la détruire et postuler
     ce que je veux être)
les réactionnaires auront beau crier
à la contre-révolution
pour leur plus grand scandale

or, donc, par conséquent, par tous les joints de
    la raison qui me reste
je me fais slogan
je me fais publiciste et propagandiste
mais je braque
je spotte

Le poème ne peut se faire que contre le non-
    poème
Le poème ne peut se faire qu'en dehors du
    non-poème

Poèmes de l'amour en sursis

SEUL ET SEULE

Si tant que dure l'amour
j'ai eu noir
j'ai eu froid
tellement souvent
tellement longtemps
si tant que femme s'en va
il fait encore
encore plus noir
encore plus froid
tellement toujours
toujours tellement

ERRANT AMOUR

Ainsi créatures de l'hallucinante dépossession
le brasier roule en mon corps tous les tonnerres
la démence atteint les plus hauts gratte-ciel
quels ravages de toi ma belle dans le vide de toi
tant ma peine débonde qu'il n'est plus d'horizon
arquebuses et arcs-en-ciel brûlent mes yeux noyés

ainsi je lutte à rebours contre réel et raison
ainsi je charbonne dans la nostalgie des places
ainsi jusqu'en mes froids les plus nocturnes
avec la folie lunaire qui t'emporte ma belle...

AU SORTIR DU LABYRINTHE

Quand détresse et désarroi et déchirure
te larguent en la brume et la peur
lorsque tu es seule enveloppée de chagrins
dans un monde décollé de la rétine
alors ta souffrance à la mienne s'amarre, et pareils
me traversent les déserts de blancheur aiguë

Tu es mon amour dans l'empan de ma vie
ces temps nôtres sont durs parmi les nôtres
je tiens bon le temps je tiens bon l'espérance
et dans cet espace qui nous désassemble
je brillerai plus noir que ta nuit noire

Ce qu'aujourd'hui tu aimes et que j'aime
comme hier habitée toujours tu m'aimeras
comme désormais désertée je t'aimerai encore
il nous appartient de tout temps à jamais
ma naufragée dans un autre monde du monde

Je ne mourrai plus avec toi
à la croisée de nous deux

APRÈS ET PLUS TARD

Me voici de nouveau dans le non-amour sans espace
avec mon amour qui dévale tel le chevreuil atteint
et comme la marée se retire pour la dernière fois
avec ma vie incertaine et dépaysée de terrain vague
avec mon corps en cendres et mes yeux en dedans
ô amour, fille, avec encore un peu de ta chaleur dorée
le vent m'emporte dans les souffles de nulle part

Et plus tard dans cette rue où je m'égare
éparpillé dans mes gestes et brouillé dans mon être
tombant et me soulevant dans l'âme
toute la pluie se rassemble sur mes épaules
la tristesse du monde luit très lasse et très basse
mais toi passion des hautes flammes dans mes genoux
tu me ravages comme les tourmentes des forêts rageuses
et parfois je me traîne et parfois je rafale...

Même dans l'en-dehors du temps de l'amour
dans l'après-mémoire des corps et du cœur
je ne suis revenu ni de tout ni de rien
je n'ai pas peur de pleurer en d'autres fois
je suis un homme irrigué, irrigant
de nouveau je m'avance vers toi, amour, je te demande
passage, amour je te demande demeure

J'avance en poésie

LA PAUVRETÉ ANTHROPOS

Ma pauvre poésie en images de pauvres
avec tes efforts les yeux sortis de l'histoire
avec tes efforts de collier au cou des délires
ma pauvre poésie dans tes nippes de famille
de quel front tu harangues tes frères humiliés
de quel droit tu vocifères ton sort avec eux
et ces charges de dynamite dans le cerveau
et ces charges de bison vers la lumière
lumière dans la gangue d'ignorance
lumière emmaillotée de crépuscule
n'est-ce pas de l'inusable espoir des pauvres
ma pauvre poésie avec du cœur à revendre
de perce-neige malgré les malheurs de chacun
de perce-confusion de perce-aberration
ma pauvre poésie dont les armes rouillent
dans le haut-côté de la mémoire
ma pauvre poésie toujours si près de t'évanouir
dans le gargouillement de ta parole
désespérée mais non pas résignée
obstinée dans ta compassion et le salut collectif
malgré les malheurs avec tous et entre nous
qu'ainsi à l'exemple des pauvres tu as ton orgueil
et comme des pauvres ensemble un jour tu seras
dans une conscience ensemble
sans honte et retrouvant une nouvelle dignité

PARIS

Dans les lointains de ma rencontre des hommes
le cœur serré comme les maisons d'Europe
avec les maigres mots frileux de mes héritages
avec la pauvreté natale de ma pensée rocheuse

j'avance en poésie comme un cheval de trait
tel celui-là de jadis dans les labours de fond
qui avait l'oreille dressée à se saisir réel
les frais matins d'été dans les mondes brumeux

ART POÉTIQUE

J'ai la trentaine à bride abattue dans ma vie
je vous cherche encore pâturages de l'amour
je sens le froid humain de la quarantaine d'années
qui fait glace en dedans, et l'effroi m'agite

je suis malheureux ma mère mais moins que toi
toi mes chairs natales, toi qui d'espérance t'insurges
ma mère au cou penché sur ton chagrin d'haleine
et qui perds gagnes les mailles du temps à tes mains

dans un autre temps mon père est devenu du sol
il s'avance en moi avec le goût du fils et des outils
mon père, ma mère, vous saviez à vous deux
nommer toutes choses sur la terre, père, mère

      j'entends votre paix
      se poser comme la neige…

ARRÊT AU VILLAGE
le dernier recours didactique

J'ai souvent parlé avec des hommes devenus pauvreté
ils parlaient sachant de quoi il en retournait
de leur sort et du mauvais gouvernement au loin
ils avaient même une certaine grandeur farouche
dans le regard

jusqu'à ce jour-là je n'avais encore jamais parlé
avec des hommes sans pesanteur, plus étrangers
à nos présences que les martiens de notre terre
nos mots passaient à côté d'eux en la fixité parallèle
de leur absence

ce jour-là me poursuit comme ma propre fin
possible, un homme avec des yeux de courants d'air
dans le maintien inerte d'une exacte forme humaine
(je vois ces lueurs pourpres de coke dans leur main
j'entends ces craquements de chips entre leurs dents
et ce juke-box soulevant des ressacs engloutissant
d'un mur à l'autre)

cette vision me devance: un homme de néant
silence, avec déjà mon corps de grange vide, avec
une âme pareillement lointaine et maintenue minimale
par la meute vacante de l'aliénation, d'où parfois
d'un fin fond inconnu arrive une onde perceptible…

m'est témoin Paul-Marie Lapointe, en 1965, un soir
de pluie cafouilleuse
et de mer mêlées de tempête

                        en notre Gaspésie

LA CORNEILLE

Corneille, ma noire
corneille qui me saoules
opaque et envoûtante
venue pour posséder ta saison et ta descendance

Déjà l'été goûte un soleil de mûres
déjà tu conjoins en ton vol la terre et l'espace
au plus bas de l'air de même qu'en sa hauteur
et dans le profond des champs et des clôtures
s'éveille dans ton appel l'intimité prochaine
du grand corps brûlant de juillet

Corneille, ma noire
parmi l'avril friselis

Avec l'alcool des chaleurs nouvelles
la peau s'écarquille et tu me rends
bric-à-brac sur mon aire sauvage et fou braque
dans tous les coins et recoins de moi-même
j'ai mille animaux et plantes par la tête
mon sang dans l'air remue comme une haleine

Corneille, ma noire
jusqu'en ma moelle

Tu me fais prendre la femme que j'aime
du même trébuchant et même
tragique croassement rauque et souverain
dans l'immémoriale et la réciproque
secousse des corps

Corneille, ma noire

L'OMBRE DE L'OMBRE

La mort trébuchera dans sa dernière moisson
nous ne sommes plus qu'un dernier brin d'herbe
en tête-à-tête avec la vie
puis le monde n'est plus qu'un souvenir de bulle

la mort aux yeux de chavirements de ciel et terre
en petits coups des à-coups de vitesse aux manettes
       au volant des roues
en petites gorgées de secousses de laveuse de
       chemins carrossables
en petits élans de kayak en descente et culbute et
       cascades et toboggan
la mort la mort acétylène en fanaux de nuit
un matin d'obus lilas
une fraîcheur d'éclair et de truite mouchetée
la mort au cri de girouette dans la gorge
la mort elle ne pèse que l'ombre de l'ombre
femme ô femme petite âme petite vague
petite suite de petits fracassements dans mes bras
de froissements de papier à cigarette
de feux doux s'épandant à l'infini du fini

et dans l'ombre de l'ombre de chaque nuit
dormir et s'aimer encore
ô dormir
fleurir ensemble

LE QUATRIÈME AMOUR

Pour parler de toi à mes côtés
je retrouve ma voix pêle-mêle
la lévitation de ma force
et les jeux qui ne sont pas faits

Par ces temps nous traversons ensemble
avec fracas et beauté de nos âges
la déréliction intime et publique

Et je te porte sur toute la surface de mon corps
comme Lascaux
moi pan de mur céleste

LIEUX COMMUNS

Personne n'y peut rien
mais les objets mais les choses
personne personne
mais il était une fois toutes les fois
jamais toujours et pourtant

océaniques

le nous de toi
le nous de moi

FOYER NATUREL

Ma belle folie crinière au vent
je m'abandonne à toi sur les chemins
avec les yeux magiques du hibou
jusque dans les fins fonds du mal monde
parce que moi le noir
                            moi le forcené
        magnifique

LE QUÉBÉCANTHROPE

Telle fut sa vie que tous pouvaient voir.

Terminus.

Dans l'autre vie il fut pauvre comme un pauvre
vrai de vrai dépossédé.

Oubliez le Québécanthrope
ce garçon qui ne ressemble à personne.

EN UNE SEULE PHRASE NOMBREUSE

Je demande pardon aux poètes que j'ai pillés
poètes de tous pays, de toutes époques,
je n'avais pas d'autres mots, d'autres écritures
que les vôtres, mais d'une façon, frères,
c'est un bien grand hommage à vous
car aujourd'hui, ici, entre nous, il y a
d'un homme à l'autre des mots qui sont
le propre fil conducteur de l'homme,
merci.

Six courtepointes

1

Sentant la glaise
le sanglot
je m'avance ras
et gras, du pas
de l'escargot

à mon cou je porte
comme une amulette
un vertical néant

j'ai aussi, que j'ai
la vie comme black-out
sommeil blanc

C'est mon affaire
la terre et moi
flanc contre flanc

je prends sur moi
de ne pas mourir

Nous sommes dans nos cloisons
comme personne n'a d'idée là-dessus

sur un mur le corps s'imprime
les yeux se font soupiraux

les yeux voient par en dedans
à travers la tête éparse
monter le mercure de l'usure

mais je sais qu'elle y est
la lumière au recto des murs

elle travaille pour nous

un jour les murs auront mal
et ce qui adhère

nous verrons comment c'est dehors

     C'est à voir
     l'homme
     le doigt dessus

     aujourd'hui je m'avance
     avec des preuves

     Les mots nous regardent
     ils nous demandent
     de partir avec eux
     jusqu'à perte de vue

Le monde ne vous attend plus
il a pris le large
le monde ne vous entend plus
l'avenir lui parle

2

FRAGMENT DE LA VALLÉE

Pays de jointures et de fractures
vallée de l'Archambault
étroite comme les hanches d'une femme maigre

diamantaire clarté
les échos comme des oiseaux cachés

sur tes pentes hirsutes
la courbure séculaire des hommes
contre la face empierrée des printemps montagneux

je me défais à leur encontre
de la longue lente prostration des pères

dans l'éclair racine nocturne soudaine
le firmament se cabre et de crête en crête
va la corneille au vol balourd

émouvante voix de balise

EN ARCHAMBAULT

Cette terre dans mes épaules
cette branche qui dans ma voix bruit
c'est déjà, et encore l'hiver!
sa nuit de merveille et de misère noire dans le vent
et par le vent la trace
le miroitement

CHAGRIN

Le temps et l'avalanche
hiver comme un mort qui bleuit
la sainte folie
reste écrouée
dans ma face hurlante et baignante

en bruits de fleurs de givre
la vie se vide
et dans l'enclos du chagrin
les bêtes à cornes
haleine rompue repassent

En Outaouais

Terre encore, terre éprise!
les hauteurs de la nuit s'éloignent
dans l'aura des montagnes violettes...
et d'entre les neiges
tes os à fleur de sol
où par les friches de l'aube
tu dégaines le printemps

Dans mes arpents d'yeux

Enfin je peux te regarder face à face
dans le plus végétal maintien de l'espace
terre tour à tour taciturne et tourmenteuse
terre tout à la fois en chaleur et frileuse...

pour qu'un jour enfin je repose
dans ton envolée la plus basse...

3

RUE SAINT-CHRISTOPHE

Je vis dans une très vieille maison où je commence
à ressembler aux meubles, à la très vieille peau
    des fauteuils
peu à peu j'ai perdu toute trace de moi sur place
le temps me tourne et retourne dans ses bancs de
    brume
tête davantage pluvieuse, ma très-très tête au loin

      (Étais-je ces crépitements
      d'yeux en décomposition
      étais-je ce gong du cœur
      dans l'errance de l'avenir
      ou était-ce ma mort invisible pêchant à la ligne
      dans l'horizon visible…

      cependant qu'il m'arrive encore des fois
      de plus en plus brèves et distantes
      de surgir sur le seuil de mon visage
      entre chaleur et froid)

FÉLICITÉ

Félicité Angers que j'appelle, Félicité où es-tu
toi de même tu n'as pas de maison ni de chaise
tu erres, aujourd'hui, tel que moi, hors de toi
et je m'enlace à toi dans cette pose ancienne

qu'est-ce qu'on ferait, nous, avec des mots
au point où nous en sommes, Félicité, hein?

toutes les femmes, Félicité, toutes encore
rien n'a changé comme en secret tu l'appelas

LE VIEIL OSSIAN

Certains soirs d'hiver, lorsque, dehors,
comme nouvellement
l'espace est emporté ici et là avec des ressacs
de branches
avec des rues, des abattis de poudrerie
puis, par moments,
avec de grands cratères de vide au bout du vent
culbuté mort,
il fait nuit dans la neige même
les maisons voyagent chacune pour soi

et j'entends dans l'intimité de la durée
tenant ferme les mancherons du pays sans limites
le vieil Ossian aveugle qui chante dans les radars

4

DOUBLURE D'UN COMBAT

À bout portant, partout et tout l'temps
pas de temps pour le beau mot, pas de temps
pour l'extase, le scintillement, le tour noble
ces jeux qui ourleraient si bien la poésie

            hara!
            hara!
            kiri
            la poésie

pas de temps, le temps est au plus mal, la vie
va vite, à chaud, à vau-l'eau, en queue d'veau
et la mort est vaste, la mort en tas menace

            pis v'lan!
            pis tapoche!
            pis couic
            la poésie

pas de temps pour le temps, le temps nous manque
faut ce qu'il faut: tirer juste, et juste à temps
à bout portant, partout et tout l'temps

DE CONTRE

Le mal de
le mal de tête
de long
de court
de travers et à l'envers
de toutes sortes de
mais surtout de
dès ma sortie
de
ma tête de tête
en quelles verdures en quelles neiges
où était ma tête
en ces jours de
ma tête de moi
ma tête à qui ma tête à quoi
ma tête à nous peut-être

toujours est-il que de
dans l'horizontale haleine
avec ma tête effalée
puis ma tête affalée
le temps de
m'entête
et l'affaire de
dont c'est la fin des temps de
ce mal de
ce mal de tête
tête à ci tête à ça

de ci de ça
comme de
le dernier forçat de forçat

à force de
tête
de contre

DEMAIN, L'HISTOIRE

Triste pareil à moi il ne s'en fait plus
je regarde ce peuple qui va bientôt mourir
triste ainsi qu'il n'est plus possible
de l'être autant

personne ici ne meurt de sa belle mort
c'est un peu de nous tous en celui qui s'en va
et c'est en celui qui naît un peu de nous tous
qui devient autre

toi aussi tu seras triste un jour Humanité
mal tu auras dans les os certains siècles
le mal fantôme dans la vacance historique
de l'origine

Hommes
l'Histoire ne sera peut-être plus
retenez les noms des génocides
pour qu'en votre temps vous n'ayez pas les vôtres

hommes
il faut tuer la mort qui sur nous s'abat
et ceci appelle l'insurrection de la poésie

5

LE TEMPS DE TOI

Il fait un temps fou de soleil carrousel
la végétation de l'ombre partout palpitante
le jour qui promène les calèches du bonheur
le ciel est en marche sur des visages d'escale
d'un coup le vent s'éprend d'un arbre seul
il allume tous les rêves de son feuillage

Belle vie où nos mains foisonnent je te coupe
je reçois en plein cœur tes objets qui brillent
voici des silences comme des revolvers éteints
mes yeux à midi comme des étangs tranquilles
les fleurs sont belles de la santé des femmes

Le temps mon amour le temps ramage de toi
continûment je te parle à voix de passerelles
beaucoup de gens me soufflent ton nom de bouquet
je sais ainsi que tu es toujours la plus jolie
et naissante comme les beautés de chaque saison
il fait un monde heureux foulé de vols courbes

Je monte dans les échelles tirées de mes regards
je t'envoie mes couleurs vertes de forêt caravelle
il fait un temps de cheval gris qu'on ne voit plus
il fait un temps de château très tard dans la braise
il fait un temps de lune dans les sommeils lointains

NATURE VIVANTE

Le vent rend l'âme dans un amas d'ombre
les étoiles bourdonnent dans leurs feux d'abeilles
et l'air est doux d'un passage d'écureuil
tu déjoues le monde qui assiège nos lieux secrets
tu es belle et belle comme des ruses de renard

Par le vieux silence animal de la plaine
lorsque fraîche et buvant les rosées d'envol
comme un ciel défaillant tu viens t'allonger
mes paumes te portent comme la mer
en un tourbillon du cœur dans le corps entier

EN TOUTE LOGIQUE

Toi qui m'aimes au hasard de toi-même
toi ma frégate nénuphar mon envolée libellule
le printemps s'épand en volliers de paupières
voyageuse d'air léger de rêves céréales
bariolée avec tes robes aux couleurs
de perroquets bizarres
lieu d'arc-en-ciel et de blason
tempête de miel et de feu et moi
braque et balai
cœur tonnant et chevauché
par le brouhaha des sens
ta poitrine d'étincelles vertige voltige

et dans nos cambrures et nos renverses
mon corps t'enhoule
de violentes délices à tes hanches
et à grandes embardées de chevreuil de kayak
le monde bascule trinque et culbute
toi ma gigoteuse toi ma giboyeuse

mon accotée
ma tannante de belle accotée

tes cils retiennent de vacillantes douceurs

6

L'HÉRITAGE ET LA DESCENDANCE

Et ce fut lorsqu'il vint
un oiseau d'éternité
qui longtemps se changea en crépuscule

aujourd'hui cet oiseau
avec la mémoire venue d'ailleurs
il vole dans les pas de l'homme

derrière la herse des soleils

Inutile de rebrousser vie
par des chemins qui hantent les lointains
demain nous empoigne dans son rétroviseur
nous abîmant en limaille dans le futur déjà

et j'ai hâte à il y a quelques années
l'avenir est aux sources

(Où, quand?) il arrive toujours même
qu'une femme émerge de sa blancheur
dans les parages de l'éternité passagère
malgré l'horizon plus bas que notre monde

le temps (lorsque) de naître
éphémère éternité

Par cet hiver qui exulte
dans la chasse-galerie des paroles
ici et là l'errance immobile
sur la trame de l'insu soudaine
où s'allume la lignée d'ancêtres

Dans le regard d'enfance
l'horizon du futur antérieur...

l'éternité aussi a des racines
éternité (éternité)
jusque dans l'héritage demain
ma Fou de bassan des yeux

dans l'âge plus nu
que la plus que pierre opaque

J'ai enfin rejoint mes chemins naturels
les paysages les bordant en sens contraire

j'avance quelques mots...
quelqu'un les répète comme son propre écho

dans la floraison du songe
Emmanuelle ma fille
je te donne ce que je réapprends

CHRONOLOGIE

par Marie-Andrée Beaudet

1928. 8 janvier : naissance à Sainte-Agathe-des-Monts, village des Laurentides, montagnes au nord de Montréal. Premier enfant de Jeanne Michaudville dit Raymond et de Charles-Auguste Miron, menuisier-charpentier.

1934. Début de ses études primaires au collège des Frères du Sacré-Cœur à Sainte-Agathe-des-Monts.

Passe une partie de ses vacances dans le comté de Terrebonne (appelé « vallée de l'Archambault » dans son œuvre) à quelques milles au nord de Sainte-Agathe : à Saint-Agricole chez ses grands-parents maternels ou aux abords des lacs Quenouille et de l'Orignal où braconnent ses oncles.

La découverte, à l'été 1939, de l'analphabétisme de son grand-père, figure forte de l'« ouvreur de pays », lui fait l'effet d'un choc et pourrait être à l'origine de ses rapports malaisés avec l'écriture : « c'est comme si tout le noir de leur vie était entré en moi », dira-t-il plus tard.

1940. 16 mars : mort de son père. Sans grandes ressources financières, sa mère doit élever seule cinq enfants : Gaston, Denise, Suzanne, Germaine et Thérèse. Dans « Art poétique », il écrit : « mon père, ma mère, vous saviez à vous deux nommer / toutes choses sur la terre, ô mon père, ô ma mère / j'entends votre paix / se poser comme la neige ».

1941. Quitte sa famille et son village pour le juvénat des

181

Frères du Sacré-Cœur, à Granby. Il y termine ses études secondaires et y reçoit une formation d'instituteur.

Vers l'âge de 14 ans, l'éloignement et la nostalgie des paysages de ses Laurentides natales, «les vieilles montagnes râpées du nord», provoquent l'écriture de ses premiers poèmes. Son initiation à la poésie coïncide avec sa découverte de la tradition poétique québécoise. «Jusqu'en 1953, dira-t-il, j'étais un pur produit de la poésie québécoise.»

1943. Mariage en secondes noces de sa mère avec Gilbert Forget. De cette union naîtra un enfant, Robert.

1944. Déménagement de la famille Miron-Forget à Saint-Jérôme, ville industrielle au nord de Montréal.

1946. Quitte le collège après le noviciat et le scolasticat. La lecture du *Cid* de Corneille et la fascination qu'il éprouve envers le personnage de Chimène ont eu raison, racontera-t-il, de sa vocation religieuse.
Retour dans sa famille. Travaille quelques mois comme apprenti-plombier chez un oncle. Découvre alors les réalités de la condition ouvrière.

1947. Automne : arrivée à Montréal. Situation financière plus que précaire. De 1947 à 1954, il exerce divers métiers : instituteur, commis de bureau, barman dans un hôtel, secrétaire au Palais de justice, etc.
Parallèlement, de 1947 à 1950, il suit des cours du soir en sciences sociales à l'Université de Montréal, avec l'espoir de devenir journaliste ou syndicaliste. Rencontres décisives, entre autres celles de Louis Portugais, d'Olivier Marchand, de Guy et Gilles Carle.

1949. Découverte de la poésie moderne, en particulier celle de Saint-Denys Garneau et de René Char. Cette même année, le hasard le met en présence des deux premiers vers de *La Quête de joie* de Patrice de la Tour du Pin, «Tous les pays qui n'ont plus de légende / seront condamnés à mourir de froid...», qui lui révèlent le sens de sa démarche poétique.
Fréquente les milieux de la bohème montréalaise tout en participant activement à des mouvements de jeunesse et d'animation populaire. Membre des Routiers du clan Saint-Jacques, il est également, de 1950 à 1955, animateur de loisirs et de folklore à l'Ordre de Bon Temps.

182

1952. Premier poème publié dans une revue : « Désemparé »
dans *Amérique française* (livraison de juillet-août 1952).

1953. Mai : publie « Potence » dans le quotidien *Le Devoir*.

Juin : fonde l'Hexagone avec cinq amis (Gilles Carle,
Mathilde Ganzini, Olivier Marchand, Louis Portugais et
Jean-Claude Rinfret), une petite maison d'édition spé-
cialisée dans la poésie, qu'il dirigera et animera pendant
trente ans. Se joindront au groupe initial, peu après,
d'autres poètes qui marqueront l'histoire de la poésie
québécoise : Jean-Guy Pilon, Fernand Ouellette, Paul-
Marie Lapointe, Michel van Schendel, Roland Giguère,
etc.

Parallèlement à cette action éditoriale bénévole, il com-
mence à travailler dans le domaine du livre.

Début de sa plus intense période d'écriture poétique.
La très grande majorité des poèmes réunis dans le
recueil de 1970 seront écrits et publiés dans des jour-
naux et des revues au cours des années 1953-1966.

Août : publie à l'Hexagone, en collaboration avec Oli-
vier Marchand, un recueil de poésie qui est aussi la pre-
mière parution de la maison, *Deux sangs*. Les poèmes
de ce recueil seront presque tous repris dans *L'homme
rapaillé*.

Novembre : publie « Self-Defense » dans *Le Devoir*.

Décembre : publie « Arrière-souvenir » dans *Amérique
française*.

1954. Au cours des années 1954-1958, il organise, avec Jean-
Guy Pilon et d'autres poètes de l'Hexagone, des récitals
de poésie dans plusieurs villes du Québec.

Commence la rédaction de ses grands cycles poétiques :
« La vie agonique », « La marche à l'amour » et « La
batèche » et en publie les premiers extraits dans les
journaux et les revues.

Publie trois poèmes dans *Amérique française* : « J'ai aussi »
en avril, « La condition de voir » en juin et « Notre
jamais rencontrée » en décembre.

13 novembre : publie « Jeune fille » dans *Le Devoir*.

1955. Adhère au Parti social démocratique (CCF).

Découverte de la poésie d'André Frénaud, qu'il présen-
tera en 1961 comme « l'un des dix grands poètes vivants »
et celle d'Aimé Césaire, qui lui révèle sa propre condi-
tion de colonisé.

Publie « Les impératifs de la petite solitude » (qui deviendra « Sauve qui peut » en 1963, avant d'être fixé sous le titre de « Les vies étanches » en 1966) et « L'homme fini ou le procès-verbal » dans *Amérique française* (repris sous le titre de « Fait divers »).

15 novembre : publie « Des pays et des vents » (qui deviendra « Héritage de la tristesse » en 1966) dans *Le Devoir*.

1956. Travaille à la librairie Beauchemin.

6 octobre : publie « Pour mon rapatriement » dans *Le Devoir*.

1957. 23 février : publie « La route que nous suivons » dans *Le Devoir*.

22 juin : publie dans *La Presse* un long article, intitulé « Situation de notre poésie », qui figure dans les deux premières éditions de *L'homme rapaillé*, celle de 1970 et celle de 1981.

Août : publie « Merci pour toute la joie » dans *Le Devoir*. Fait la connaissance à Montréal du poète et homme de théâtre Henri Pichette, qui l'accueillera à son arrivée en France deux ans plus tard.

Septembre : organise avec Jean-Guy Pilon la première « Rencontre des poètes canadiens » dont les Actes seront publiés, par l'Hexagone, sous le titre de *La poésie et nous*.

1958. Rédige, recueille les signatures, et fait publier une pétition en faveur de la démocratisation et de la gratuité de l'enseignement, à tous les niveaux. Le texte intitulé « Déclaration des intellectuels canadiens de langue française » paraît le 6 mars dans *Le Quartier latin*.

Publie deux poèmes dans *Le Périscope*, petite revue française de création, fondée et dirigée par son ami Claude Haeffely avec lequel il entretient entre 1954 et 1965 une correspondance suivie. Ses lettres, réunies par Haeffely, seront publiées en 1989 sous le titre : *À bout portant*.

Candidat défait du Parti social-démocrate (CCF) à l'élection fédérale.

1959. Janvier : publie « Ex officio » dans le premier numéro de la revue *Situation* (le poème sera repris sous le titre de « L'homme agonique » en 1963).

Avril : reprend « Pour mon rapatriement » dans le premier numéro de *Nation nouvelle*.

Participe, avec Jean-Guy Pilon et d'autres amis de l'Hexagone, à la fondation de la revue *Liberté,* un carrefour majeur dans l'histoire intellectuelle du Québec. Publie «La braise et l'humus» et «Fille dont le visage...» dans la livraison d'été.

Publie «Note d'un homme d'ici» dans le premier numéro de *Cahier pour un paysage à inventer.* Le texte, repris dans les éditions successives de *L'homme rapaillé,* se termine sur ces mots : «j'aime mieux mourir avec le plus grand nombre que de me sauver avec une petite élite, ou des élites qui ne seraient que qualitatives. Je le dis pour tous ceux qui ont la frousse constante de paraître béotiens.»

Août : publie «L'intraitable douleur» dans *Nation nouvelle* (le poème deviendra «Ce monde sans issue»).

Explique le fait qu'il publie peu dans un entretien donné à Gilles Constantineau et publié le 22 août dans *Le Devoir* : «J'ai honte de montrer mes poèmes parce que je les trouve pauvres et miséreux et qu'un pauvre et miséreux se sent atteint dans sa dignité d'être humain. J'ai essayé d'assumer notre pauvreté existentielle et morale et aussi notre pauvreté d'expression. Ma réalité à moi, c'est que j'ai encore peu d'horizons, que je galope toujours et que j'ai peu de mots, c'est-à-dire que je suis un pauvre et un malheureux en poésie.»

16 septembre : départ pour la France grâce à une bourse gouvernementale qui lui permet d'étudier les techniques de l'édition à l'École Estienne, à Paris. Retrouve là des amis québécois, dont Gilles Marcotte, Jean-Paul Filion et Pauline Julien, et fait la connaissance de plusieurs poètes français qui deviendront ses amis : André Frénaud, Eugène Guillevic, Robert Marteau, Michel Deguy, Édouard Glissant, Maurice Roche, etc.

S'emploie pendant les 18 mois de ce premier séjour parisien à faire découvrir le Québec et sa littérature aux divers milieux qu'il fréquente (l'équipe de la revue *Esprit, Les Lettres françaises,* etc.).

Décembre : organise avec le comédien québécois Marcel Sabourin un récital de poésie, à la Maison du Canada de la Cité universitaire de Paris, où il réside depuis son arrivée.

1961. 13 février : retour à Montréal, reprend du service dans les milieux du livre. Jusqu'en 1965, est responsable de la distribution et des relations extérieures chez Fomac et les éditions Hurtubise HMH.

Début des grandes années de militantisme politique et linguistique : adhère et milite activement, entre autres, au Rassemblement pour l'indépendance nationale (R.I.N.), au Parti socialiste québécois (P.S.Q.) au Mouvement pour l'unilinguisme français au Québec, au Front du Québec français, au Comité de défense des prisonniers politiques québécois, etc.

Mars-avril : publie les poèmes « Déclaration » et « R.M. » dans *Liberté* (« R.M. » deviendra « Poème de séparation 1 »).

Mai-août : publie « Quand morte sera la mort » et « Les jours raccourcissent » dans *Liberté* (ces deux poèmes sont maintenant connus sous les titres respectifs de « L'ombre de l'ombre » et d'« Art poétique »).

16 septembre : lit sur les ondes de Radio-Canada un texte intitulé « Ma bibliothèque idéale ». Ce texte figure dans la section des textes en prose des diverses éditions de *L'homme rapaillé*. « L'œuvre absolue n'existe pas à mes yeux, c'est-à-dire une œuvre qui me soit autant nécessaire et efficace à chaque période de ma vie. »

1962. Automne : fait la connaissance de Jacques Berque, qui est professeur invité à l'Université de Montréal, et se lie d'amitié avec lui.

14 avril : publie « La marche à l'amour » dans *Le Nouveau Journal.*

1963. De 1963 à 1968, membre de l'équipe de rédaction de la revue *Parti pris,* revue politique et littéraire qui transforme radicalement le paysage intellectuel québécois en militant en faveur du socialisme, du laïcisme et de l'indépendantisme.

Délégué de l'Association des éditeurs canadiens à la foire de Francfort, de 1963 à 1969.

Reprise de deux poèmes dans l'*Anthologie de la poésie canadienne française* de Guy Sylvestre publiée à Montréal, chez Beauchemin (« Semaines » et « L'octobre »).

Mai-juin : accepte de publier dans *Liberté* un ensemble de ses poèmes réunis par son ami Jean-Guy Pilon sous le titre de « La vie agonique ».

Novembre : publication des poèmes « Dans les lointains

de ma rencontre des hommes…» et «L'amour et le militant» dans *Parti pris*.

Décembre : traduction en arabe du poème «Les siècles de l'hiver» dans la revue *Shi'r*.

1964. Mai-juin : publie «Les années de déréliction» dans *Liberté*. Reprise de deux poèmes dans *Littérature du Québec*, tome 1, publié par Guy Robert chez Déom («La marche à l'amour» et «Tu fus quelques nuits…»).

1965. Janvier : publie dans *Parti pris* un texte intitulé «Un long chemin» dans lequel il présente un bilan politique et littéraire de son expérience d'homme et d'écrivain colonisé.

Février : publie «La corneille» dans *Passe-Partout*.

Juin-juillet : publie «Notes sur le non-poème et le poème» dans *Parti pris*. Considéré par l'auteur comme un texte en prose dans l'édition de 1970, ce texte clé sera progressivement intégré à la partie réservée aux poèmes, passant d'une position autonome et charnière dans l'édition Maspero à l'intégration complète dans l'édition Typo.

1966. Février. Jacques Brault prononce à l'Université de Montréal une conférence intitulée «Miron le magnifique» qui contribue grandement à la consécration du poète et de sa légende.

Reprise de six poèmes dans l'anthologie *Poésie canadienne* d'Alain Bosquet, chez Seghers («Héritage de la tristesse», «Les vies étanches», «Les siècles de l'hiver», «La braise et l'humus», «Monologues de l'aliénation délirante», «Une fin comme une autre»).

De 1966 à 1969, chroniqueur littéraire au magazine *Maclean*.

1967. Janvier : reprise de cinq poèmes dans le numéro spécial des *Lettres françaises* consacré «aux écrivains du Canada» («Tristesse, ô ma pitié», «L'octobre», quelques strophes de «La braise et l'humus», de «La batèche» et de «Monologues de l'aliénation délirante»).

Reprise de trois poèmes dans l'*Anthologie de la poésie française* de Robert Kanters et Maurice Nadeau (quelques vers de «Compagnon des Amériques», «Monologues de l'aliénation délirante» et un extrait de «L'octobre»).

Mars : avec Georges Dor, récital conjoint de poèmes et chansons à la Butte à Mathieu, célèbre boîte à chansons des Laurentides.

187

À l'automne, rencontre à Vence de Witold Gombrowicz, puis à Francfort et à Paris de Pierre Oster, de Denis Roche et de Robert Sabatier.

1968. Participe au spectacle « Poèmes et chansons de la Résistance » au Gesù, et à la tournée en province qui suit. Anime avec Georges Dor une soirée de poèmes et de chansons à la Bibliothèque nationale du Québec.
Été : publie « À bout portant », « Les signes de notre vie » et « Le salut d'entre les jours » dans *Parti pris*.

1969. Février-mars : reprise de six poèmes dans un numéro d'*Europe* consacré à la « Littérature du Québec » (« Les jours raccourcissent », « L'homme agonique », « Le damned Canuck », « R.M. », « Après et plus tard », « La corneille »).
Quatre poèmes repris dans l'*Histoire de la littérature française du Québec,* tome III, de Pierre de Grandpré (« Héritage de la tristesse », « Monologues de l'aliénation délirante », « L'octobre » et « La marche à l'amour »). Membre de l'exécutif du Front du Québec français.
Le poème « Monologues de l'aliénation délirante » est publié dans l'anthologie de Pierre Seghers *Le Livre d'or de la poésie française contemporaine.*
16 juillet : naissance de sa fille Emmanuelle, qu'il élèvera seul.
Automne : au retour d'une manifestation à Québec, il écrit le poème dédié à sa fille qui deviendra le poème-liminaire de *L'homme rapaillé*. Le poème paraît le 10 décembre, sous le titre provisoire de « L'homme ressoudé », dans le journal *Le Clairon* de Saint-Hyacinthe.

1970. Mars : organise au Gesù avec Claude Haeffely et Noël Cormier la première grande « Nuit de la poésie ». Un film tourné par Jean-Claude Labrecque et Jean-Pierre Masse témoigne du caractère exceptionnel de l'événement.
La revue *Études françaises* (et plus précisément Georges-André Vachon et Jacques Brault) de l'Université de Montréal en lui décernant un prix l'incite à réunir et à publier ses poèmes, ce à quoi il se refuse depuis plusieurs années, « préférant, selon ses mots, les faire évoluer et se modifier dans l'oralité, au gré des circonstances et des auditoires ».
Avril : parution de *L'homme rapaillé* aux Presses de l'uni-

versité de Montréal. Succès populaire et critique immédiat. Le recueil figure sur la liste des best-sellers.

16 octobre : arrêté et emprisonné, avec 350 autres Québécois, dont ses amis le poète Gérald Godin et la chanteuse Pauline Julien, à la suite de la promulgation de la Loi des mesures de guerre par le gouvernement fédéral de Pierre Elliott Trudeau. Détenu 13 jours sans aucun contact avec l'extérieur.

Novembre : reçoit le Prix France-Canada pour *L'homme rapaillé*.

1971. De janvier à avril : écrivain résident à l'Université d'Ottawa.

Mars : reçoit le prix de la Ville de Montréal. Annonce en conférence de presse que le montant de 3 000 dollars attaché au prix sera partagé entre divers organismes engagés dans la lutte de libération nationale.

1972. De janvier à avril : écrivain résident à l'Université de Sherbrooke.

Reçoit le prix Belgique-Canada pour *L'homme rapaillé*.

30 octobre : candidat défait du parti Rhinocéros (parti satirique fondé par l'écrivain Jacques Ferron) aux élections fédérales où il se présentait contre le Premier ministre Pierre Elliott Trudeau.

Traduction en italien de « La Marche à l'amour » et de « L'Amour et le militant » par Angelo Belletato.

1973. De 1973 à 1980 : attaché de presse et des relations extérieures pour les éditions Leméac.

1974. Jusqu'en 1978 : enseigne l'histoire de la littérature québécoise à l'École nationale de théâtre de Montréal.

1975. Membre du bureau exécutif de l'Association des éditeurs canadiens, de 1975 à 1978.

Décembre : publication de *Courtepointes* aux Presses de l'université d'Ottawa.

1977. Entre à l'Académie Mallarmé à titre de membre étranger.

Mai : publie, dans la revue *Estuaire*, une suite de poèmes intitulée « La troisième saison ou le premier printemps ».

1978. Janvier : la Société Saint-Jean-Baptiste de Montréal lui décerne le prix Duvernay.

Avril : participe en compagnie de Jacques Brault et Robert Marteau à une lecture de poésie, au musée Guggenheim de New York.

189

Mai et juin : participe en compagnie de poètes québécois à des lectures de poésie à Paris.

Juin : parution de quatre poèmes, traduits par Edward Stachura, dans la revue polonaise *Tworczosc*.

1980. Printemps-été : publication dans la revue *Possibles* d'une suite poétique intitulée « Femme sans fin ».

Juillet : participe au spectacle musical et poétique « Les Sept Paroles du Québec » en compagnie de Yves-Gabriel Brunet, Paul Chamberland, Michel Garneau, Michèle Lalonde, Raoul Duguay et Gilbert Langevin à La Rochelle, Paris et Avignon.

Lors de la campagne référendaire sur la souveraineté du Québec, il milite dans le camp du « oui », aux côtés du Premier ministre René Lévesque.

1981. Parution de *L'homme rapaillé* dans la collection Voix chez François Maspero. De nombreuses modifications sont apportées au recueil de 1970, qui s'enrichit, entre autres, des poèmes de *Courtepointes*.

1er mai : participation à l'émission Apostrophe, animée par Bernard Pivot.

25 mai : reçoit le prix Guillaume Apollinaire pour la deuxième édition de *L'homme rapaillé*, publiée chez Maspero.

Décembre : à l'occasion de la sortie de la traduction italienne de *L'homme rapaillé* par Sergio Zoppi aux éditions Bulzoni, tournée de conférences et de lectures dans les universités et centres culturels de Turin, Milan, Bologne, Pise, Rome.

1983. Quitte la direction des éditions de l'Hexagone.

Tournée dans plusieurs villes de France dans le cadre de l'opération « Relais-Québec », visant à faire connaître la littérature québécoise.

Reçoit le prix Athanase-David, la plus haute distinction du Gouvernement du Québec en littérature. Le texte de son discours de réception sera d'abord publié en revue, dans *Québec français*, puis fera l'objet d'une publication autonome aux éditions du Silence.

Décembre : publie deux poèmes dans *Liberté* : « Quelque automne » et « La naissance et la mort de l'amour ».

1984. Nouvelle tournée en France dans le cadre de l'opération « Relais-Québec ».

Printemps : la Maison de la poésie, à Paris, lui rend hommage.

Automne : début d'un séjour d'un an à Paris à titre de boursier du Centre national des lettres. Nombreuses conférences et lectures en France et en Europe.

1985. Pour l'ensemble de son œuvre et de son action dans le domaine littéraire, le Conseil des Arts du Canada lui décerne le prix Molson.

1986. Février à août : nouveau séjour de six mois à Paris. Nombreuses conférences et lectures en France et en Europe.

Août : publie un poème dans *Liberté* : « Retour à nulle part ».

Donne deux poèmes à Frédéric-Jacques Temple pour son anthologie *Québec vivant,* parue chez Sud : « Rome » et « Linate », qui prendra plus tard le titre de « Padoue ».

1987. Tournée de lectures aux États-Unis à l'occasion de la sortie de *The March to Love, Selected Poems.*

Publie deux courts poèmes, « Les génocides » et « L'espoir », dans un numéro hors série de *Liberté,* intitulé « Watch ta langue ».

1989. Parution chez Seghers de l'anthologie *Écrivains contemporains du Québec,* réalisée en collaboration avec Lise Gauvin.

1990. Hiver et printemps : écrivain résident à l'Université de Montréal.

L'Académie des lettres du Québec lui décerne sa médaille annuelle.

1991. Première du spectacle « La marche à l'amour », conçu et produit en collaboration avec les musiciens Pierre St-Jack et Bernard Buisson, au Théâtre de La Chapelle, à Montréal. Entre 1991 et 1995, ce spectacle sera présenté dans plusieurs villes du Québec.

Le Gouvernement du Québec le fait membre de l'Ordre des francophones d'Amérique.

1992. Parution à l'Hexagone de l'anthologie *Les grands textes indépendantistes,* réalisée en collaboration avec Andrée Ferretti.

1993. Reçoit les insignes de Commandeur des Arts et Lettres de la République française.

Parution de *L'homme rapaillé* dans une version remaniée aux éditions de poche Typo.

Lancement dans le cadre des 40 ans de l'Hexagone d'une édition semi-luxe annotée de *L'homme rapaillé.*

Dans ces notes, il explique les circonstances qui ont présidé à l'écriture de certains poèmes et décrit le processus de recorrection de ses poèmes comme un effort incessant de «désaliénation» linguistique : «je désaliène mes poèmes et je me désaliène en même temps qu'eux». En outre, l'édition comprend, en version manuscrite et inachevée, onze poèmes postérieurs à 1978.

1994. Juillet : présentation du spectacle «La marche à l'amour» à la Maison de la poésie, à Paris, à l'invitation du ministère de la Culture de France, dans le cadre des Jeux de la Francophonie.

Octobre : séjour au Brésil à l'occasion de la sortie de la traduction portugaise de *L'homme rapaillé*, faite par Flavio Aguiar.

Novembre : première du film «Gaston Miron, les outils du poète», réalisé par le cinéaste-documentariste André Gladu.

1995. Automne : dernier inédit à paraître, dans le numéro-hommage que la revue *Études françaises* dédie à la mémoire de Georges-André Vachon, grâce auquel en grande partie *L'homme rapaillé* avait pu voir le jour en 1970. Le poème s'intitule «Je m'appelle personne» :

> *Naissance erratique, narrative douleur,*
> *par le tout d'une logique de l'écart fou*
> *qui me fait un sort dans l'avenir dépaysé*
> *de sorte qu'il n'est pas de répit de moi*
> *homme du modernaire, à rebours de disparaître,*
> *dans une histoire en laisse de son retard.*

L'Université de Montréal lui décerne un doctorat honorifique.

Il milite dans le camp du «oui» lors de la campagne référendaire sur la souveraineté du Québec, aux côtés du Premier ministre Jacques Parizeau.

1996. Parution de quatre poèmes dans *Poètes québécois,* anthologie réalisée par Louise Blouin et Bernard Pozier et publiée aux Écrits des Forges : «Nos sommeils», «TGV Lyon», «Répit», «Padoue».

Travaille pour les éditions Typo et pour la Bibliothèque nationale du Québec

Février : nouvelle édition de *L'homme rapaillé* dans la col-

192

lection de poche Typo. Dernières corrections apportées au recueil qu'il tient toujours pour une «version non définitive».

Mai : dernier séjour à Paris. Causerie à la librairie du Québec rue Gay-Lussac, présence au colloque organisé par l'Association des jeunes chercheurs européens en littérature québécoise et causerie sur la poésie devant un auditoire composé d'ingénieurs.

24 juin : le Gouvernement du Québec le fait Officier de l'Ordre national.

Septembre : apprend qu'il est atteint de cancer.

Novembre : se rend au Salon du livre de Montréal, saluer ses amis, écrivains et gens du milieu de l'édition.

14 décembre, décès à l'âge de 68 ans.

21 décembre : obsèques nationales à Sainte-Agathe-des-Monts. Premier écrivain québécois à recevoir cet honneur. Suivant ses volontés, il est inhumé au cimetière de son village natal, auprès de son grand-père et de son père.

BIBLIOGRAPHIE

Œuvres poétiques

Deux sangs, en collaboration avec Olivier Marchand, Montréal, Hexagone, 1953. Illustrations de Gilles Carle, Mathilde Ganzini et Jean-Claude Rinfret.

L'homme rapaillé, Montréal, postface de Georges-André Vachon, bibliographie et chronologie par Renée Cimon, Montréal, Presses de l'Université de Montréal, 1970.

Courtepointes, avant-propos d'Eugène Roberto, Ottawa, Presses de l'Université d'Ottawa, 1975.

Poèmes épars, Montréal, l'Hexagone, 2003.

Autres éditions de L'homme rapaillé

L'homme rapaillé, [édition revue et augmentée], Paris, François Maspero, coll. Voix, 1981.

L'homme rapaillé, [édition revue et corrigée], préface de Pierre Nepveu, Montréal, éditions Typo, 1993.

L'homme rapaillé, version non définitive, préface de Pierre Nepveu, Montréal, Hexagone, 1994 (édition semi-luxe annotée offerte à l'occasion des 40 ans de l'Hexagone et reprise en édition courante depuis 1998).

L'homme rapaillé, [dernière édition revue par l'auteur, toujours considérée comme version non définitive], préface de Pierre Nepveu, Montréal, éditions Typo, 1996.

L'homme rapaillé, version définitive, préface de Pierre Nepveu, Montréal, éditions Typo, 1998.

Autres publications :

Les signes de l'identité, discours de réception au Prix Athanase-David, Outremont, Éditions du Silence, 1991.
À bout portant, lettres de Gaston Miron à Claude Haeffely, 1954-1965, Montréal, Leméac, 1989.
Écrivains contemporains du Québec, anthologie, en collaboration avec Lise Gauvin, Paris, Éditions Seghers, 1989 ; édition augmentée [réalisée par Lise Gauvin], Montréal, l'Hexagone/Typo, 1998.
Les grands textes indépendantistes, anthologie, en collaboration avec Andrée Ferretti, Montréal, l'Hexagone, 1992.
Le premier lecteur : chroniques du roman québécois, 1968-1994, [de Réginald Martel], choix des textes et présentation par Pierre Filion et Gaston Miron, Montréal, Leméac éditeur, 1994.
Un long chemin : proses, 1953-1996, édition préparée par Marie-Andrée Beaudet et Pierre Nepveu, Montréal, l'Hexagone, 2004.
L'avenir dégagé : entretiens 1959-1993, édition préparée par Marie-Andrée Beaudet et Pierre Nepveu, Montréal, L'Hexagone, 2010.

En traduction

La marcia all'amore. L'amore e il militante, Padoue, Rebellato, 1972. Traduction d'Angelo Bellettato. Préfaces de Luigi Baldacci et de Riccardo Scrivano.
The Agonized Life, Poems and Prose, Montréal, Torchy Wharf Press, 1980. Traduction de Marc Plourde.
L'uomo rappezzato, Rome, Bulzoni, 1981. Traduction de Sergio Zoppi. Introduction de P. A. Jannini.
Denteli/Indented, en collaboration avec Roland Giguère, Ralph Gustafson et Douglas G. Jones, Colorado Springs, Press at Colorado College, 1982. Traduction de Ronald Sutherland.
Embers and Earth, Selected Poems, Montréal, Guernica, 1984. Traduction de Douglas G. Jones et Marc Plourde. Introduction de Douglas G. Jones. Postface de Marc Plourde.
The March to Love, Selected Poems, Pittsburgh, International Poetry Forum, 1986. Traduction de Dennis Egan, Brenda Fleet, John Glassco, Douglas G. Jones, Marc Plourde et Louis Simpson. Réédité à Athens, Ohio, Ohio University Press, 1987, avec une introduction de Guy Gervais.

Counterpanes, Poetry, Montréal, Guernica, 1993. Traduction et introduction de Dennis Egan. Édition bilingue.

O homen restolhado. Poemas, São Paulo, Editora brasiliense, 1994. Traduction et présentation de Flavio Aguiar.

El hombre redivivo, Mexico, Universidad nacional autónoma de México, Poemas y ensayos, Trois-Rivières, Écrits des Forges, 2006. Traduction de Marco Antonio Campos et Hernán Bravo Varela.

Filmographie et discographie

Gaston Miron, par Roger Frappier. Conseiller : Yves Taschereau. Montréal, Office du film du Québec, 1971. Film en 16 mm, couleur, 55 min.

Réalisations sonores, collection « L'Âme de… », réalisation Hugues Desalle ; poèmes de Gaston Miron et de Gérald Godin, récités par les auteurs.

Gaston Miron, Stony Brook University, Long Island, É.-U., 1978. Vidéocassette.

Profession écrivain : Gaston Miron, par Claude Godbout. Recherchiste et monteuse : Josée Beaudet. Montréal, Les Productions Prisma inc., 1983. Film de 25 min.

Gaston Miron ou l'opacité du réel, Paris, Maison de la poésie, production des services culturels de la Ville de Paris, 1984. Vidéocassette de 21 min.

La marche à l'amour, livre-cassette, choix de poèmes et inédits lus par l'auteur, Paris, Éditions Artalect, coll. « Paris-Québec », 1990, 52 min.

Gaston Miron (les outils du poète), par André Gladu, Les Productions du lundi matin, Montréal, 1994. Film en 16 mm et en vidéocassette, couleur, 52 min.

La marche à l'amour, disque compact (poèmes, musique et chansons), enregistrement du spectacle du même nom produit et réalisé par Bernard Buisson, Gaston Miron et Pierre St-Jak, Montréal, Les Productions D'uault, 1995.

Gaston Miron. Un portrait rapaillé, par Mona Makki et Dominique Gallet, Paris, série « Écrivains francophones », document réalisé et diffusé dans le cadre du magazine télévisuel « Espace francophone », 1997. Vidéocassette, couleur, 26 min.

Principales études

«Miron le magnifique», par Jacques Brault, dans *Chemin faisant* (1975), Montréal, Éditions du Boréal, 1994, coll. «Papiers collés».

«Miron dépaysé», par Pierre Nepveu, dans *Les mots à l'écoute*, Québec, Presses de l'Université Laval, 1979, p. 111-194.

Structures de l'imaginaire dans Courtepointes de Miron, par Eugène Roberto, Ottawa, Éditions de l'Université d'Ottawa, 1979, 170 p.

L'homme rapaillé *de Gaston Miron*, par Claude Filteau, Paris et Montréal, Bordas et Trécarré, coll. «Lectoguides», n° 2, 1984, 128 p.

Album Miron : un poète et son pays : une vie en image et en mots, compilé par Marie-Andrée Beaudet, Montréal, l'Hexagone, 2006.

Gaston Miron sur parole, par Jean Royer, préface de Sylvestre Clancier, Montréal, Bibliothèque québécoise, 2007.

Gaston Miron. Tel un naufragé, par Yannick Gasquy-Resh, Paris, Aden, 2008.

Miron l'égarouillé, par François Hébert, Montréal, Éditions Hurtubise, 2011.

LA MARCHE À L'AMOUR
fragments

LA BATÈCHE
fragments

LA VIE AGONIQUE

L'AMOUR ET LE MILITANT

SIX COURTEPOINTES

DERNIÈRES PARUTIONS

Ce volume,
le trois cent vingt-neuvième
de la collection Poésie,
a été composé par Interligne et
achevé d'imprimer sur les presses
de CPI Bussière à Saint-Amand (Cher),
le 24 janvier 2012.
Dépôt légal : janvier 2012.
1ᵉʳ dépôt légal dans la collection : décembre 1998.
Numéro d'imprimeur : 120251/1.
ISBN 978-2-07-040707-1./Imprimé en France.